Fruehauf, Henry & Viladoms

65 De aedibus

Fruehauf, Henry & Viladoms

Quart Verlag Luzern

Fruehauf, Henry & Viladoms
65. Band der Reihe De aedibus / Volume 65 of the series De aedibus

Herausgeber / Edited by: Heinz Wirz, Luzern
Konzept/Concept: Heinz Wirz; FHV, Lausanne
Projektleitung / Project management: Quart Verlag, Antonia Wirz
Textbeiträge / Articles by: Niklaus Graber, Luzern; Jacques Lucan, Paris;
Andreas Bründler, Basel
Objekttexte / Project descriptions: FHV
Vorwort/Foreword: Heinz Wirz
Textlektorat Deutsch / German text editing: Miriam Seifert-Waibel, Hamburg
Textlektorat Englisch / English text editing: Benjamin Liebelt, Berlin
Übersetzung Deutsch–Englisch / German–English translation: Benjamin Liebelt, Berlin
Übersetzung Französisch–Deutsch / French–German translation: Eva Dewes, Saarbrücken
Übersetzung Französisch–Englisch / French–English translation: John Baker, Neschers
Fotos/Photos: Archiv Fruehauf, Henry & Viladoms, Lausanne. Ausser/except: Daniela & Tonatiuh, Lausanne S./p. 6, 21, 52, 55, 76 (oben/up), 77; Ariel Huber, Lausanne S./p. 61
Visualisierungen/Graphics: maaars, Zürich S./p. 60, 63, 64, 67, 73 (Bild/image 8); loomn, Gütersloh S./p. 56, 59, 73 (Bild/image 6); nightnurse images, Zürich S./p. 71 (unten/below), 72 (Bild/image 4); Olivier Meystre, Lausanne S./p. 73 (Bild/image 5)
Grafische Umsetzung / Graphic design: Quart Verlag, Antonia Wirz
Lithos: Printeria, Luzern
Druck/Printing: Gulde-Druck GmbH & Co. KG, Tübingen

ISBN 978-3-03761-142-5

Quart Verlag GmbH
Denkmalstrasse 2, CH-6006 Luzern
books@quart.ch, www.quart.ch

FHV

De aedibus 65 – Notat

Heinz Wirz

Mit dieser Buchreihe versuchen wir, besondere Qualitäten in der Schweizer Architektur aufzuspüren, diese darzustellen und zu dokumentieren. In der Abfolge der Bände ergibt sich unweigerlich ein gewisses Changieren zwischen verschiedenen Regionen in der Schweiz. So konnten wir in den letzten zwei Jahren einige Architekten der Westschweiz mit qualitativ hochstehenden Bauten in die Reihe aufnehmen. Das mag an der Qualität der École polytechnique fédérale in Lausanne liegen, an der seit Jahren namhafte und engagierte Architekten lehren, aber auch an einer regen Kultur des Austauschs unter den Architekten und einer natürlichen Konkurrenz zwischen ihnen.

Dabei finden wir neben den etablierten Büros bisweilen auch junge ambitionierte Architekten – wie Claudius Fruehauf, Guillaume Henry und Carlos Viladoms –, die früh zu einer reifen, eigenständigen Architektursprache finden. Bei den Lausanner Architekten zeigt sich dies vornehmlich an einer Architektur, die von kräftiger Handschrift «gezeichnet» ist. So folgen die Grundrisse der beiden benachbarten Bauten in Saint-Sulpice demselben einfachen Muster von zentralem Erschliessungskern, um den die Nutzungsräume rundumlaufend gleichwertig angelegt sind. Die schlüssigen Grundrissfiguren werden noch bereichert durch plastische Hohlräume, die das Gebäude vertikal zusammenbinden und nobilitieren. Die äussere Erscheinung der Gebäude ist ebenso einfach wie überraschend. Beim Verwaltungsgebäude sind grossformatige verglaste Felder von kräftigen Rahmen gefasst, wobei Vertikale und Horizontale gleichwertig in Balance liegen. Und beim Wohngebäude umspannen leichte Brüstungskonstruktionen den gesamten Baukörper. Es scheint, dass jeweils Grundriss und Ansicht gleichermassen einfach sind und in dieser Eigenschaft zu einer immanenten Einheit verschmelzen.

Ebenfalls auf ein starkes Zentrum ausgerichtet sind die Wohnanlage Avenue de Morges in Lausanne und die geplante Wohn- und Geschäftsanlage Les Vernets in Genf. Bei der ersten ist der Brennpunkt der Anlage ein eindrücklicher zentraler Aussenraum, der die vier massiven Baukörper zusammenbindet, bei jener in Genf ist es der geschlossene monumentale Innenhofraum, der die gesamte Anlage zu einer starken Einheit verbindet.

Wie ein roter Faden durchziehen diese Merkmale von Einfachheit und Eindeutigkeit das noch junge Werk. Darin eingeschlossen ist eine Leichtigkeit und Eleganz. Es scheint, als ob diese Bauten wie selbstverständlich und so ganz ohne Anstrengung entworfen sind.

Luzern, im Februar 2017

De aedibus 65 – Notat

Heinz Wirz

This series of books is aimed at investigating, presenting and documenting the special qualities of Swiss architecture. As the series has progressed, there have been inevitable shifts between different regions within Switzerland. In the last two years for instance, we included a number of western Swiss architects with high-quality buildings. That may be due to the quality of the École polytechnique fédérale in Lausanne, where renowned and committed architects have been teaching for years, but it is also evidence of a lively culture of exchange among architects there and the natural competition between them.

In addition to well-established offices, we also find young, ambitious architects – such as Claudius Fruehauf, Guillaume Henry and Carlos Viladoms – who have quickly found a mature, individual architectural language. The Lausanne architects mainly express this through the distinctive hallmark of their oeuvre. For instance the floor plans of the two neighbouring buildings in Saint-Sulpice follow the same simple pattern of a central accessing core, around which the use rooms are equally aligned in a tour of the building. The coherent floor plan figures are enhanced by sculptural open spaces that bind the building together and refine it vertically. The outward appearance of the volumes is both simple and surprising. The administrative building's large-scale glazing is powerfully framed, thereby achieving a balance between its vertical and horizontal moments. The residential building includes light balustrade constructions that surround the entire volume. It seems that the floor plan and exterior appearance are equally simple, merging together to form an intrinsic unity.

The housing development at Avenue de Morges in Lausanne and the Les Vernets residential and commercial estate in Geneva are also based on a powerful centre. In the case of the former, the key aspect is an impressive central exterior space that binds the four massive buildings together. In the Geneva development, it is the closed, monumental inner courtyard space that combines the entire ensemble into a powerful unit.

Simplicity and clarity are characteristic traits throughout these still early works by the architects, combined with lightness and elegance. It seems as if the buildings have been designed in a very natural way, without the least exertion.

Lucerne, February 2017

Trio in der dritten Dimension

Niklaus Graber

Es gehört zum Wesen jeglicher räumlichen Gestaltung, dass sie sich mit der dritten Dimension auseinandersetzt, denn Raum beziehungsweise unsere Wahrnehmung von Raum entfaltet sich per se stets in drei Dimensionen. Auch wenn wir uns als Architekten bestens an die erhellenden Schilderungen eines Edwin A. Abbot erinnern, der uns mit seiner mathematischen Satire *Flatland – A Romance of Many Dimensions*[1] zu Studienzeiten auf amüsante Art eigentlich Selbstverständliches in Erinnerung rief, scheint es heute viele Berufskollegen zu geben, die die Z-Achse aus ihrem architektonischen Repertoire eliminiert haben. Jüngere Strömungen in der Schweizer Architektur, die unser Metier vorwiegend auf eine bildhafte Annäherung reduzieren und sich beispielsweise in Diskussionen darüber erschöpfen, wie weit ein in neotektonischer Manieriertheit entworfenes Gesimse auszukragen hat oder welche Körnung des Verputzes der dünnen Haut des omnipräsenten Schlafsacks einer Kompaktfassade doch noch ein wenig Robustheit verleihen könnte, haben sich offensichtlich in den nebligen Welten von Flatland wohlig eingerichtet. Auch die im Halbjahrestakt neu lancierte Trendforschung darüber, welche Modefarbe Keramikfliesen und Streckmetallen einen avantgardistischen Touch verleihen könnte, hilft wenig, um sich aus dem schwammigen Einerlei retrospektiv orientierter Bautrends zu befreien. Ein weiteres Indiz dafür, dass räumliches Vorstellungsvermögen bei Planungen heute nicht mehr zum beruflichen Selbstverständnis gehört, ist der enthusiastische Empfang des neusten, als Wundermittel gepriesenen Lieblingsspielzeugs der Baulobby namens BIM. Mit dem zweckoptimistischen Lächeln eines Losverkäufers oder dem kulturpessimistischen Drohfinger versuchen uns Technokraten derzeit weiszumachen, dass selbst die Bewältigung einfachster räumlicher Fragestellungen nur noch dem Computer anvertraut werden könne.

Vielleicht ist es kein Zufall, dass gerade in Lausanne, der wohl am stärksten räumlich geprägten Schweizer Stadtszenerie, ein junges Architektentrio am Werk ist, dessen Fokus mit grosser Intensität auf die dreidimensionale Entfaltung von Architektur gerichtet ist. Bereits ein Besuch im Büro von Claudius Fruehauf, Guillaume Henry und Carlos Viladoms wird zu einer Reise in die dritte Dimension. Was auf dem zweidimensionalen Stadtplan als leicht zugänglicher Hinterhof erscheint, entpuppt sich in der durch topografische Brüche gezeichneten Stadtlandschaft als komplexes urbanes Setting, das dem unbedachten Ankömmling ein paar Fallen bei der Suche nach dem kürzesten Weg

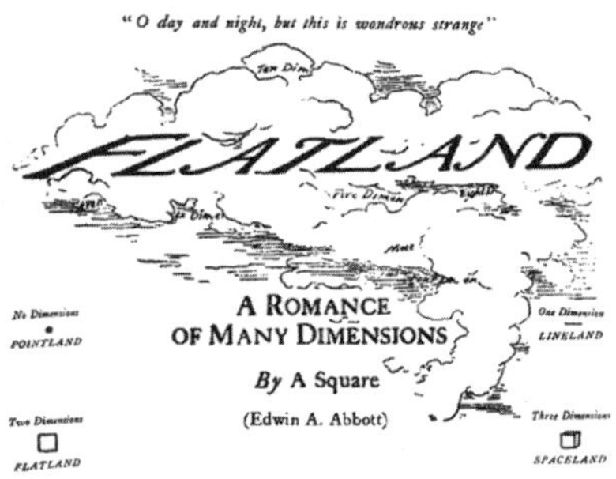

1 Edwin A. Abbott: *Flatland. A Romance of Many Dimensions*. London 1884.

Trio in the third dimension

Niklaus Graber

It is in the nature of all spatial design to engage with the third dimension, since space and our perception of it always unfolds in three dimensions. Although we architects well remember the illuminating narrative by Edwin A. Abbot, whose mathematical satire *Flatland – A Romance of Many Dimensions*[1] humorously reminded us during our studies of what is actually self-explanatory, it seems that today, many of our professional colleagues have eliminated the Z-axis from their architectural repertoire. Recent movements in Swiss architecture appear to have become well established in the misty worlds of Flatland, as they attempt to reduce our profession to an illustrative approach and exhaust themselves in discussions on, for instance, the extent to which a cornice designed in neotectonic mannerism should be overhanging, or which grain of plaster could yet add a little robustness to the thin envelope of the omnipresent sleeping bag of a compact façade. Trend research repeated every six months also considers which fashionable colours could add an avant garde touch to ceramic tiles or expanded metal, without providing much help in liberating anyone from the vague uniformity of retrospectively-orientated building trends. Another indication that the skill of spatial perception in planning is no longer taken for granted in the profession today is the enthusiastic reception of the building lobby's latest favourite toy, namely BIM. Technocrats are currently using the smirk of calculated optimism or the raised finger of cultural pessimism to make us believe that even the simplest of spatial questions should now only be managed using a computer.

Perhaps it is no coincidence that it is in Lausanne of all places, with its most strongly spatially characterised urban scenery in all of Switzerland, that a young architectural office is intensely focusing on the three-dimensional development of architecture. Even a visit to the office of Claudius Fruehauf, Guillaume Henry and Carlos Viladoms becomes a journey to the third dimension. What appears to be an easily accessible rear courtyard on a two-dimensional map turns out to be a complex urban setting characterised by topographical breaks, setting a few traps for the inadvertent visitor in his search for the shortest route and reminding him that Lausanne is the constructed antithesis of Flatland. A visit to Lausanne always impressively demonstrates how the skilful exploitation of topographic moments and engaging with vertical aspects can lead to breath-taking spatiality. Stairs, bridges, ramps and jumps in the

stellt und ihn daran erinnert, dass Lausanne die gebaute Antithese zu Flatland ist. Ein Besuch Lausannes ist immer wieder eine eindrückliche Lektion darin, dass die geschickte Ausspielung topografischer Momente und das Eingehen auf die Vertikale zu atemberaubender Räumlichkeit führen können. Treppen, Brücken, Rampen und Geländesprünge verdichten sich in der Waadtländer Kapitale zu einer piranesisch anmutenden Stadtszenerie. Die Konfrontation städtischer Dichte mit einer ausgeprägten Hügellandschaft führt zu einem identitätsstiftenden Stadtraum, der mit abwechslungs- und spannungsreicher Vielfalt aufwartet.
Gut möglich also, dass sich die ausgesprochene Räumlichkeit der vor rund 15 Jahren selbstgewählten Heimat in den Köpfen und Herzen der jungen Architekten eingeschrieben hat, denn in vielen ihrer Projekte und Bauten ist Dreidimensionalität ausgesprochen präsent. Nicht selten äusserst sich dies in raffinierten Schnittlösungen, die mit überhohen Räumen, Terrassierungen oder vertikalen Perforationen überraschen.
Ein beiläufig an eine Atelierwand gehefteter Plan eines indischen Stufenbrunnens[2] verrät die Affinität der drei jungen Architekten zu kräftigen räumlichen Interventionen, die im wahrsten Sinne des Wortes in die Tiefe gehen. Vielleicht ist der in Gujarat gelegene Stufenbrunnen von Adalaj denn auch so etwas wie die Inversion der Lausanner Stadtlandschaft oder der in vielen Entwürfen des Büros zu findenden aufstrebenden Treppenlandschaften. Während sich der Brunnen von Adalaj ab der topografischen Nullebene skulptural in die Tiefe gräbt, klettern in den Projekten von FHV nicht selten grosszügige, plastisch gedachte Treppenanlagen in die Höhe.
Bei den beiden 2014 und 2015 fertiggestellten Gebäuden in Saint-Sulpice zeigen uns die Architekten zwei unterschiedlich gedachte Artikulationen vertikaler Zirkulationsformen. Das überaus elegant über dem Terrain schwebende Mehrfamilienhaus[3] wird von einem zentralen Treppenschacht durchstossen, der den Besucher aus einem unterirdischen Ankunftsgeschoss beschwingt in die drei oberen Etagen führt. Die überraschende vertikale Lichtung in der von aussen als blätterteigartige Schichtung lesbaren Gebäudetektonik verwebt die Geschosse miteinander und verleiht der fragil und installativ anmutenden Stapelung ein kräftiges, stabilisierendes Rückgrat.
Eine andere Spielform verbindender Vertikalität findet sich im daneben stehenden Verwaltungsgebäude[4], das mit einer robusten Sichtbetonhülle den dynamischen Strassenzügen an der westlichen

terrain are condensed in the Vaud capital to create a Piranesiesque urban scenery. The confrontation between urban density and the pronounced undulating landscape leads to an identity-building urban space that offers a varied and exciting diversity.
So it is very possible that the unique spatiality of the home the young architects chose for themselves around 15 years ago has left its mark in their heads and hearts, since in many of their projects and buildings, the third dimension is particularly present. Often, this is expressed in extremely sophisticated sectional solutions that surprise with extra-high rooms, terraces or vertical perforations.
Nonchalantly pinned to a studio wall, the plan of an Indian stepwell[2] reveals the young architects' affinity for powerful architectural interventions that literally lead down into the depths. So the Adalaj stepwell, which is located in Gujarat, is perhaps something like the inversion of the Lausanne urban landscape or the ascending landscapes of stairs in many of the office's designs. While the Adalaj well digs itself sculpturally into the depths from a zero-level starting point, the projects by FHV often rise upwards to become spacious, sculpturally conceived staircase structures.
In the case of the two buildings in Saint-Sulpice, which were completed in 2014 and 2015, the architects reveal two differently conceived articulations of vertical forms of circulation. The extremely elegant apartment building[3], which hovers above the terrain, is penetrated by a central stairwell that cheerfully leads visitors from the underground entrance level to the three upper storeys. The surprising vertical opening in the building tectonics, which is legible from the outside like layers of filo pastry, interweaves the different levels and gives the fragile, installational appearance of the stacking a powerful, stabilising backbone.
Another form of playing on the theme of connecting verticality exists in the neighbouring administrative building[4], which confronts the dynamic street lines on the western half of the property with a robust fair-faced concrete shell. Unlike the neighbouring apartment building, which has a withdrawn, punctiform perforation, the two-storey entrance hall accessed via a gentle ramp has a modelled topography that rotates the entrance level inside the building on its Z-axis.
The fact that FHV do not regard spatial staging or inner lighting as things that are merely nice to have, as investors and clients' advisors are con-

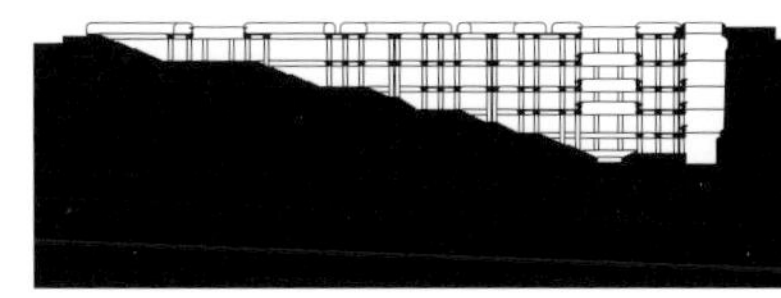
2

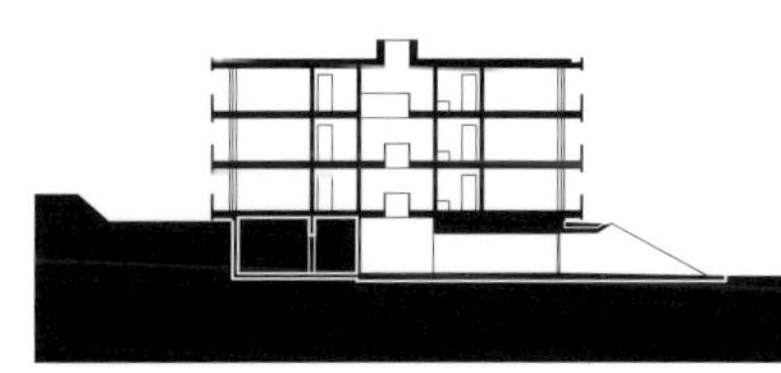
3

4

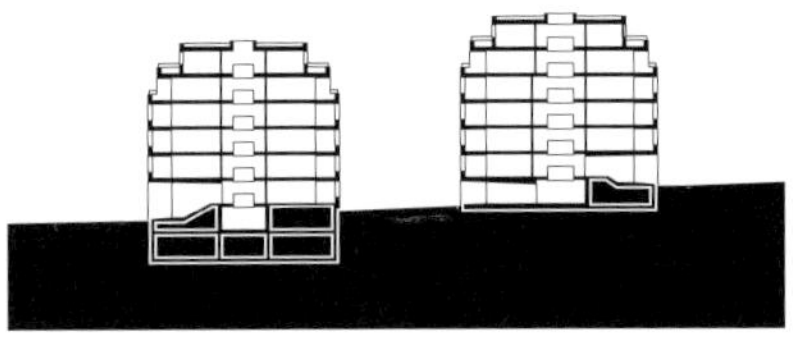

5

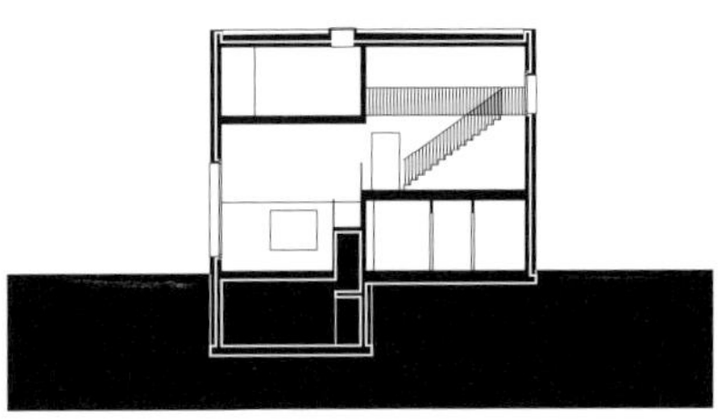

6

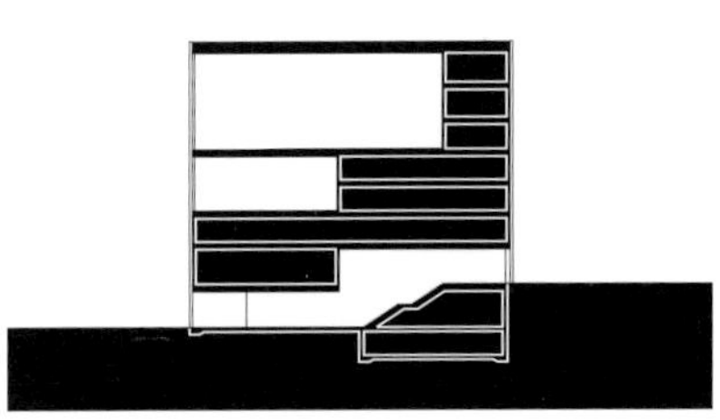

7

Grundstückshälfte entgegentritt. Die von einer sanften Rampe erschlossene zweigeschossige Eingangshalle ist hier nicht wie beim benachbarten Wohnhaus eine von aussen entrückte, punktförmige Perforation, sondern eine theatralisch modellierte Topografie, die die Ankunftsebene im Gebäudeinnern in die Z-Achse dreht.

Dass räumliche Inszenierungen oder innere Belichtungen für FHV nicht etwa ein verschwenderisches *nice to have* sind, wie uns dies Investoren und Bauherrenberater unablässig glauben machen wollen, zeigt sich beispielsweise an der Lausanner Genossenschaftssiedlung Avenue de Morges[5] (2009–2015). Trotz beschränktem Budget und ökonomischem Druck haben die Architekten den vier kompakten polygonalen Volumen eine wohltuende innere Leere eingeschrieben. Die dicht bespielten Geschossebenen werden dadurch atmosphärisch belichtet und um einen kommunikationsfördernden kollektiven Raum erweitert. Die Ausspielung der dritten Dimension ist hier der Schlüssel zu einem attraktiven Mehrwert für die Bewohner, der bei aller Grundrisseffizienz dazu führt, der Tristesse gängiger Allerweltstreppenhäuser zu entgehen.

Auch beim 2015 nahe Genf gebauten Einfamilienhaus im französischen Prévessin-Moëns[6] war das Budget der Bauherrschaft nicht verschwenderisch. Trotzdem haben es die Architekten wiederum verstanden, die übliche Minimierung der Vertikalverbindungen zu umgehen. Indem Zirkulationsräume nicht bloss eine monofunktionale Notwendigkeit darstellen, sondern sich in X-, Y- und Z-Achse mit den angrenzenden Wohnräumen überschneiden, wird dem Eigenheim eine unerwartet ausgreifende Räumlichkeit eingeschrieben. Ähnlich wie beim Bürogebäude in Saint-Sulpice sorgen eine theatralische Treppenführung und Lufträume für innere Transparenz und diagonale Durch- und Ausblicke. Die von aussen vermutete Kompaktheit entpuppt sich im Innern des erdig verputzten Baukörpers als helle, atmosphärisch belichtete *promenade architecturale*.

Ein grosses Talent für innere Promenaden zeigen FHV ebenfalls in ihrem 2014 mit einem zweiten Wettbewerbspreis bedachten Entwurf für das Sportzentrum in Magglingen[7]. Der einfache kubische Baukörper ist von einer zerklüfteten Innenwelt beseelt, die mit komplexer Porosität einen geschossübergreifenden Austausch offeriert und die unterschiedlichen Funktionsbereiche synergetisch miteinander verknüpft.

Während bei den erwähnten Bauten und Projekten das topografische Moment von der Architektur

stantly suggesting, is for example apparent in the Lausanne housing association estate in Avenue de Morges[5] (2009–2015). Despite a limited budget and economic pressure, the architects inserted a beneficial interior emptiness into the four compact volumes. The densely utilized floor spaces are atmospherically lit in this way and extended to include a collective space that encourages communication. Using the third dimension here is the key to an attractive added value for the residents. Despite the floor plan efficiency, it manages to avoid the bleakness of standard staircases in this way.

In the case of the single family home built in 2015 in the French Prévessin-Moëns[6] part of Geneva, the client's budget also required prudence. Nevertheless, the architects were able to avoid the usual minimisation of vertical connections. By regarding circulation rooms not as a mere non-functional necessity, and instead having them overlap with the adjoining living rooms on an X, Y and Z-axis, the owner-occupied home gains an unexpected expansive spatiality. Like the building in Saint-Sulpice, the theatrical guidance of the stairs and air spaces ensure inner transparency and diagonal views through and out of the building. The compact character one presumes when observing the earthy-plastered building from the outside in fact turns out to be a bright, atmospherically lit *promenade architecturale* within.

Indeed FHV also reveal a great talent in promenades, as can be seen in their 2014 design for a sports centre in Magglingen[7], which won 2nd Prize in the design competition. The simple cuboid building is filled with a fissured interior world that uses its complex, porous character to enable exchange between the floors and connect the different use areas in a synergetic way.

While the above mentioned projects and buildings derive their topographical momentum from the architecture itself and the design intentions of the architects, embedding itself like an intrusion into the compact building volumes, the topography for the soon to be constructed projects of the Musée du Léman in Nyon and the Unithèque in Ecublens plays a definitive role for the designs. Naturally, the relationship between the nature of the construction site and the building – as revealed for instance in the hovering character of Saint-Sulpice I – is addressed in many projects. The sensitivity of the architects to the *genius loci* is especially clear in the two public parkland building measures. Both projects are situated on a typical Vaud hillside slope, which they cleverly use to their advantage.

selbst ausgeht und sich durch die gestalterische Absicht der Architekten Räumlichkeit wie eine Intrusion in kompakten Baumassen einnistet, spielt bei den bald in die Realisierung gehenden Projekten Musée du Léman in Nyon und Unithèque in Ecublens die örtlich vorgegebene Topografie die entwurfsbestimmende Rolle. Selbstverständlich wird das Verhältnis zwischen der Beschaffenheit des Bauplatzes und dem Gebäude – wie etwa der schwebende Habitus von Saint-Sulpice I offenbart – bei vielen Projekten thematisiert. Die Sensibilität der Architekten für den Genius Loci wird bei den beiden in einer Parklandschaft gelegenen öffentlichen Bauvorhaben besonders gut spürbar. Beide Projekte liegen in einer für die Waadtländer Hügel charakteristischen Hanglage und machen sich diese geschickt zunutze.

Der Neubau für das Musée du Léman[8] scheint förmlich der Hügellandschaft zu entwachsen, setzt er sich doch in Form einer raumhaltigen Stützmauer nahtlos an die steil zum See abfallende Hangflanke, um sich in Ufernähe schliesslich als allseitig lesbare Skulptur zu manifestieren. Ähnlich wie beim Stufenbrunnen von Adalaj wird hier eine zwischen Skulpturalität und Plastik oszillierende Körperlichkeit evoziert. Mutiert die furchenartig in die Erde gegrabene Landschaft in Adalaj bisweilen zu einer frei stehenden Struktur, der die filigrane Art eines Gerüsts innewohnt, werden auch in Nyon die beiden Momente von Massivität und Fragilität schleifend ineinander übergeführt. Dass die Gesamtanlage trotz diesem Spagat nicht auseinanderbricht, liegt daran, dass FHV virtuos mit dem Potenzial der Dreidimensionalität spielen. Mehrgeschossige hallenartige Galerieräume verschränken die unterschiedlichen Teile miteinander und führen den Besucher in einer spannungsreich inszenierten Raumfolge vom Hang zum See.

Ein besonders souveräner Umgang mit der Topografie samt einer bewusst eingesetzten ambivalenten Wirkung zwischen Skulpturalität und Strukturalität ist den Architekten mit dem Entwurf für die Erweiterung der Unithèque[9] in Ecublens gelungen, der 2016 in einem Wettbewerbsverfahren obsiegte.

Die synthetische Verschmelzung additiver und subtraktiver Momente von Bestand und Erweiterung einerseits und von Bauwerk und Topografie andererseits basiert auch hier auf der Aktivierung der Z-Achse als vorherrschendem Entwurfsmoment. Die gewählte Schnittlösung bringt die vorgefundenen Gegensätze in einen subtil ausbalancierten Einklang. Die im bestehenden – im Volksmund als «Banane» bekannten – Gebäude

The new building for the Musée du Léman[8] seems literally to have grown out of the landscape, since its form of a voluminous supporting wall smoothly adjoins with the steep incline of the slope towards the lake, before manifesting itself near the bank as a sculpture that is legible from all directions. Like the Adalaj stepwell, a voluminosity is evoked that oscillates between sculpture and plasticity. While in Adalaj the landscape, which has been dug to form grooves in the earth, mutates into a free-standing structure with the delicate composition of scaffolding, in Nyon the momentum of massiveness and fragility are ground into each other. The fact that the overall complex does not break apart despite the great span is due to the way in which FHV skilfully play on the potential of the three-dimensionalism. Multi-storey, hall-like gallery rooms connect the different parts of the facility to each other and lead the visitor to the excitingly staged spatial sequence from the slope to the lake.

The architects managed an especially confident handling of the topography for the extension to the Unithèque[9] in Ecublens, which won the design competition in 2016, including a deliberately ambiguous effect that is somewhere between the worlds of sculpture and structure.

The synthetic merging of additive and subtracting moments between the existing building and the extension on the one hand, and the building and the topography on the other, is also based on activating the Z-axis as a dominant design factor. The selected sectional solution harmonises the existing opposites in a subtly balanced way. In the existing structure – which is known to the public as the "banana" – the curvature and the stepping that follows the incline of the slope are taken into account in the new building's design and developed further. Thus it is possible to establish an ensemble that alternates between the existing and new structures, bringing them together in a symbiotic relationship. Like a pair of dancers, the two figures of the old and new buildings harmonise to such an extent that they merge to become an inseparable unity. However, the two protagonists always remain legible and contribute their individuality to the character and tension of the choreography. The similarity between the two building sections is not based on a formal and visual assimilation, but instead on their structural relatedness, based on their sectional DNA. The terracing established by the existing building is developed further in an exaggerated form in the new building. Unlike the 1980s building by the

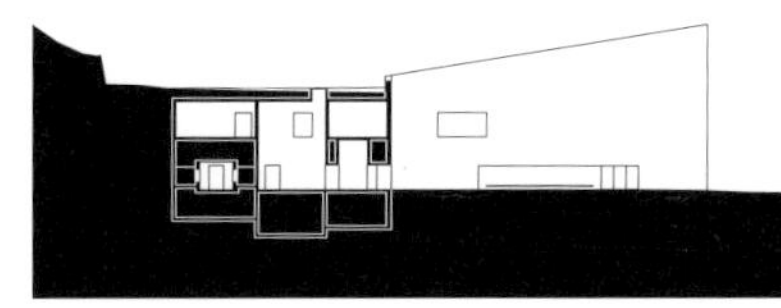

8

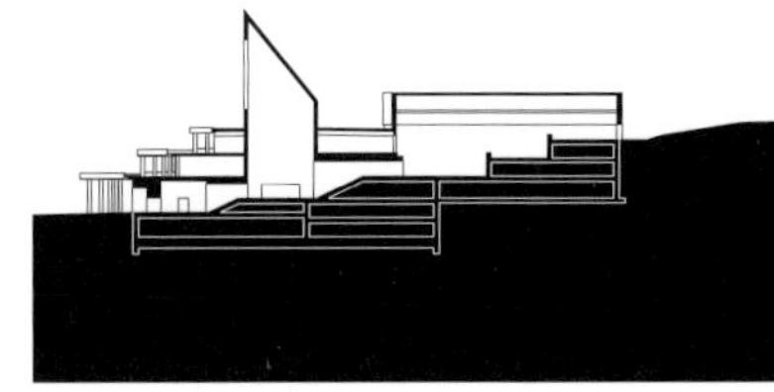

9

angelegte Krümmung und die dem Hangverlauf folgende Abtreppung werden im Entwurf für den Neubau aufgenommen und weiterentwickelt. Dadurch gelingt es, ein Ensemble zu etablieren, das zwischen Anlehnung und Differenz changiert und Bestehendes und Neues in ein symbiotisches Verhältnis bringt. Wie ein Tanzpaar harmonieren die beiden Figuren Alt und Neu, um bisweilen zu einem unzertrennlichen Ganzen zu verschmelzen. Stets bleiben jedoch beide Protagonisten lesbar und tragen gerade mit ihrer Individualität zur Anmut und zur Spannung der Choreografie bei. Die Ähnlichkeit der beiden Gebäudetrakte basiert nicht auf einer formal und bildhaft abgestützten Angleichung, sondern auf einer strukturellen Wesensverwandtschaft, die auf der DNA des Schnittes aufgebaut ist. Die Terrassierung, die im vorhandenen Bau angelegt ist, wird im Neubau in überhöhter Form weiterentwickelt. Anders als beim Gebäude des Architekten Guido Cocchi aus den 1980er Jahren, bei dem die verschiedenen Niveaus plattformartig übereinander koexistieren, entwickelt sich beim Neubau eine kaskadenartige Abtreppung zu einem durchgängig verbindenden Element.

Besonders bemerkenswert am Entwurf für die Unithèque ist die Verschmelzung von Artefakt und Topografie. Während sich die Dachkonstruktion über dem Neubau als strukturell inszenierte Rippendecke zeigt, offenbaren die topografisch angelegten Bibliotheksbereiche ein hohes Mass an geerdeter Skulpturalität. In der Art und Weise, wie diese tektonisch gegensätzlichen Momente im Entwurf räumlich und konstruktiv aufeinander abgestimmt werden, stellt sich auch hier wie in Adalaj eine Verschleifung von Struktur und Untergrund ein. Die an sich robuste Grundkonfiguration wird dadurch unterschiedlichen Lesbarkeiten unterworfen, die zwischen Permanenz und Vergänglichkeit und zwischen Schwere und Leichtigkeit oszillieren.

Die Studierenden dürfen sich darauf freuen, diese in silbernes Zenitallicht getauchte Lernlandschaft in Beschlag zu nehmen. Im magischen Halbschatten der kräftigen Betonlamellen dürften sich Kontemplation und Heiterkeit in ähnlicher Weise die Hand reichen, wie sie das im von Lelé und Niemeyer in den 1960er Jahren entworfenen Instituto Central de Ciencias der Universität von Brasília[10] tun.

Interessant am Entwurf der Unithèque ist überdies, dass sich die Architekten bei allem Bemühen um eine Synthese aus Alt und Neu nicht scheuen, ganz bewusst auch Widersprüche zuzulassen. Die Implementierung eines zeichenhaften, überhohen

10

architect Guido Cocchi, in which the different levels coexist on top of each other like platforms, the new building develops a cascading staggering to create a continuously connecting element.

One particularly striking aspect of the Unithèque is the way in which the artefact and the topography are merged. While the roof structure above the new section reveals itself as a structurally staged ribbed ceiling, the topographically designed library areas express a high degree of earthed plasticity. Here again, as in Adalaj, the way in which these tectonically opposing moments are spatially and structurally adapted to suit each other in the design, represents a grinding out of the structure and the underground. The in itself robust basic configuration is therefore subject to different interpretations, oscillating between permanence and transience, and between heaviness and lightness.

Students can look forward to occupying this learning landscape dipped in silver zenithal light. In the magical semi-shade of the powerful concrete ribs, contemplation and cheerfulness will go hand in hand in the same way as in the 1960s Instituto Central de Ciencias at the University of Brasília[10], which was designed by Lelé and Niemeyer.

Another interesting aspect of the Unithèque design is the fact that the architects, while making every effort to achieve a synthesis of old and new, are not afraid to allow deliberate contradictions. The implementation of a symbolic, extra-high atrium that vertically penetrates the horizontal layers of the existing building, shows how calmly the trio is willing to counteract their own underlying principle. The entire facility thereby loses all hermetic unambiguousness and overburdened monumentality. The designers' faith in the Z-axis and spatial effects is once again highlighted in this accentuated measure. The design for Ecublens impressively shows the office's ability to develop towards a structurally conceived architecture, without the three partners undermining their great interest in three-dimensionalism and spatiality. The fact that the trio exclusively focuses on the original architectural themes of space, light and structure, doing without the side issues of compositionally arranged perforated façades, shows how sincere they actually are with respect to the aspect of structure.

Returning to the initially mentioned focus on the visual in Swiss architectural production, which uses retro-chic in an attempt to exude well-being and nostalgia, the project for the Unithèque impressively shows that a coherent atmosphere and time-

Lichtschachts, der die horizontale Schichtung des bestehenden Gebäudes vertikal durchbohrt, zeigt, mit welcher Unverkrampftheit das Trio bereit ist, das eigene Grundkonzept zu konterkarieren. Die Gesamtanlage wird dadurch einer hermetischen Eindeutigkeit und einer überstrapazierten Monumentalität entzogen. Das Vertrauen der Entwerfer in die Z-Achse und in die Raumwirkung wird mit diesem pointierten Eingriff einmal mehr verdeutlicht. Eindrücklich zeigt der Entwurf für Ecublens die Entwicklungsfähigkeit des Büros hin zu einer strukturell gedachten Architektur, ohne dass die drei Partner ihr grosses Interesse an Dreidimensionalität und Räumlichkeit aufs Spiel setzen. Dass sich das Trio ausschliesslich auf die urarchitektonischen Themen Raum, Licht und Struktur verlässt und auf Nebenschauplätze kompositorisch arrangierter Lochfassaden verzichtet, zeigt, wie ernst es ihm in Sachen Räumlichkeit tatsächlich ist.

Um nochmals auf die eingangs erwähnte Bildlastigkeit in der Schweizer Architekturproduktion zurückzukommen, die in zeitgeistigem Retroschick Wohlfühlstimmung und Nostalgie zu verströmen sucht, zeigt das Projekt für die Unithèque eindrücklich, dass stimmige Atmosphäre und Zeitlosigkeit eben gerade keines illustrativen Moments bedürfen. Der Verzicht auf eine bildhafte Annäherung führt hier zu einer Architektur, die auf den ureigenen Grundsätzen der Disziplin fusst und gegen schnelllebigen Zeitgeist und Lifestyle resistent sein wird. Deutlich wird im Projekt für Ecublens aber auch, dass FHV ihre Entwürfe bei aller Stringenz mit einer gesunden Prise Augenzwinkern zu würzen vermögen, wie etwa das surreal wirkende nadelartige Implantat eines Lichtschachtes belegt – ein sympathischer Charakterzug, den das Trio auch in einer Installation für die *Freiluftausstellung Lausanne Jardins*[11] charmant auszuspielen wusste und der so manchem in selbstgefälliger Steifheit gefangenen Berufskollegen gut anstehen würde.

Wünschenswert wäre auch, dass sich Architekten vermehrt wieder bemühen, uns aus «pointland», «lineland» und «flatland» zu befreien, um die über 100 Jahre alten Worte Abbotts – «I call our world flatland, not because I call it so, but to make its nature clear to you, my happy readers, who are privileged to live in space»[1] – überflüssig zu machen. Die Arbeiten von FHV dürfen hierfür als wegweisend angesehen werden, denn sie machen uns tatsächlich bewusst, welches Privileg es ist, im *Raum* zu leben.

lessness do not require any illustrative momentum. Doing without a visual approach leads to an architecture that is based on the original principles of the discipline, making it resistant to any short-lived zeitgeist and lifestyle. It is also clear in the project for Ecublens that FHV can spice up their designs with a touch of irony, despite all their stringency, as the surreal appearance of the needle-like atrium implant confirms. That is not an unpleasant characteristic and one that the trio charmingly used in an installation for the open-air exhibition *Lausanne Jardins*[11]. A number of professional colleagues would do well to emulate it, caught as they are in their self-satisfied rigidity.

It would also be desirable for architects to try to liberate us from "pointland", "lineland" and "flatland" more often, and make the words Abbott wrote over a hundred years ago superfluous: "I call our world flatland, not because I call it so, but to make its nature clear to you, my happy readers, who are privileged to live in space."[1] The works of FHV can be regarded as pioneering in that respect, since they actually make us aware of the great privilege of living in *space*.

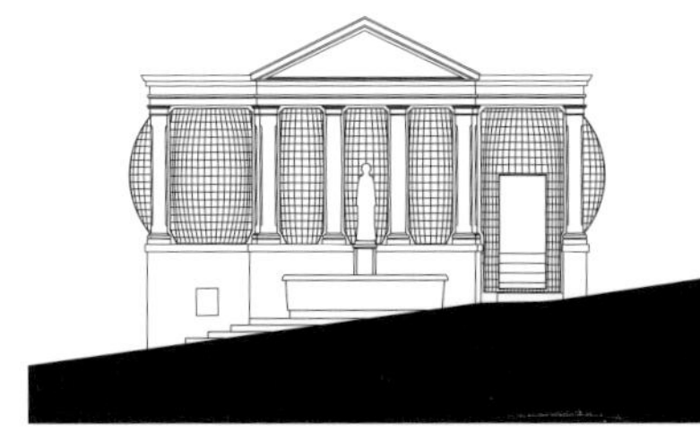

11

System oder Figuren

Jacques Lucan

Wenn ich an Wettbewerbsjurys teilnehme, geschieht es nach eingehender Prüfung manchmal, dass ich unter mehreren der eingereichten Projekte eine Aufteilung vornehme: auf der einen Seite die Projekte, die man mit systematischen Gliederungen in Verbindung bringen kann, auf der anderen Seite Projekte, die in Figuren angeordnet sind. Im ersten Fall ordnet das System die architektonischen und städtebaulichen Elemente in einer wiederkehrenden, extensiven Logik an: Massgebend ist die Struktur, der die Elemente untergeordnet sind, eine Gesamtstruktur, die ihre Beziehungen beherrscht. Im zweiten Fall setzt sich das Projekt aus verschiedenen Figuren zusammen, die sich voneinander unterscheiden und klar identifizierbar sind, die mitunter einer regelmässigen Geometrie folgen und, Figur zu Figur, gegenseitig in Beziehung stehen.

Diese beiden Modalitäten – System oder Figuren – können zwei beinahe gegensätzliche Methoden der Projektkonzeption darstellen, Methoden, für die man zahlreiche Vorläufer in der Architekturgeschichte bestimmen könnte. Es ist dabei festzuhalten, dass diese beiden Methoden nicht zwingend an jeweils spezifische programmatische oder kontextuelle Bedingungen geknüpft sind. Sie entsprechen viel eher formalen beziehungsweise gestalterischen Entscheidungen.

Angesichts der Projekte von Fruehauf, Henry & Viladoms besteht in meinen Augen kein Zweifel, dass die formalen Entscheidungen häufig in einer Arbeit mit erkennbaren Figurenanordnungen münden. Diese Figuren können regelmässige Flächen sein: Rechtecke, Quadrate, Kreisbögen usw. Das ist etwa der Fall bei dem Bauvorhaben Les Vernets in Genf – zwei grosse rechteckige Höfe, die mit zwei unabhängigen Gebäuden verbunden sind – oder bei dem doppelten grossen Kreisbogen der Unithèque in Lausanne. Doch diese Figuren können auch unregelmässige Flächen sein, etwa bei den vier Wohnbauten, die an der Rue de Morges in Lausanne ein Ensemble bilden; oder auch bei den beiden benachbarten autonomen Gebäuden in Saint-Sulpice, von denen eines Wohnungen beherbergt und das andere Büros.

Die Anordnung von architektonischen Figuren zieht die entsprechenden städtebaulichen Konsequenzen nach sich, vor allem was daraus resultierende öffentliche oder freie Flächen anbelangt. Entweder die Gestalt der öffentlichen oder freien Flächen ist direkt abhängig von der eigentlichen Geometrie der Gebäude – wie bei dem Häuserblock in der Rue de la Morges in Lausanne; oder aber wir könnten vom öffentlichen Raum sagen,

System or figures

Jacques Lucan

When working in competition juries, I sometimes divide the projects presented into two groups: those that can be compared to systematic approaches and those which are arrangements of figures. In the first case, the system organises the architectural and urban components in an extensive, repetitive rationale: the structure, to which the components are subordinated takes precedence, creating a unified whole which governs their relations. In the second case, the project comprises various distinct and clearly identifiable figures, sometimes geometrically regular, which maintain relations with one another, figure to figure.

These two approaches – system or figures – can represent two almost antithetical methods of envisaging a project, methods for which there are numerous precedents throughout the history of architecture. It should be noted that these two methods are not necessarily linked to specific programmatic or contextual conditions. They correspond more to formal formatting choices.

With regard to the projects of Fruehauf, Henry & Viladoms, there is no doubt in my mind that the formal choices often favour intelligible arrangements of figures. These figures may be regular in nature with rectangles, squares, circular arcs, etc., as can be seen in the Les Vernets project in Geneva – two large rectangular courtyards associated with two independent buildings – or in the large circular arc around the Unithèque in Lausanne. However, these figures can also be irregular shapes, as with the four apartment buildings forming a single entity located in the rue de Morges in Lausanne, or the two independent adjacent buildings in Saint-Sulpice, one intended for housing and the other for an office programme.

Arranging architectural figures results in urban consequences, in particular relating to the characteristics of the resulting public or open spaces: either the configuration of public or open spaces depends directly on the geometry of the buildings themselves – as with the island in the rue de Morges in Lausanne – or we could say that public space has a more picturesque dimension playing on the relations between the figures themselves, which are not governed by a single homogenous layout, with the whole that they form – as is the case with the global urban programme in Les Vernets in Geneva.

The decision to work with figures is not exclusive in projects by FHV – we simply need to look at their recent proposal for the district of Les Boveresses in Lausanne, which favours a system

dass er eine eher pittoreske Dimension besitzt, da er mit den Beziehungen zwischen den Figuren selbst spielt, die sich nicht nach einem einzigen homogenen Duktus des Ensembles richten, das sie bilden – wie bei der gesamtstädtischen Anordnung des Bauvorhabens Les Vernets in Genf.
In den Projekten von FHV findet sich nicht ausschliesslich nur die Entscheidung, mit Figuren zu arbeiten – es genügt, ihren jüngsten Entwurf für das Viertel Boveresses in Lausanne zu betrachten, bei dem eher ein System entwickelt wird, das potenziell auch eine grössere Ausdehnung haben könnte. Doch bislang – was freilich nicht andere Entwicklungen in der Zukunft ausschliesst – macht die Vorherrschaft dieser Entscheidung die Originalität eines Schaffens aus, das die Mittel kennt, die es offen und stringent einsetzt.

that could potentially be extended further. However, the predominance of this choice to date – which clearly does not exclude different developments in the future – constitutes the originality of an œuvre that knows its means and uses them in an open, stringent way.

L’Unithèque, Dorigny

Andreas Bründler

Architektur entsteht in der Reibung an den Bedingungen, die sie hervorbringen: an den programmatischen Ansprüchen der Bauherrschaft, den Gegebenheiten des Ortes oder Bestandes, den konstruktiven Notwendigkeiten. Eine Vielzahl von Aufgabenstellungen, die mit einer Vielzahl von Lösungen beantwortet wurde, zeichnet das noch junge Werk von FHV aus. Die Massstäbe und Programme wechseln, doch mit Selbstverständlichkeit behaupten sie sich in den Projekten. Selbstsicher entstanden Werke von grosser konzeptueller und formaler Klarheit, die eine Suche nach einer monumentalen Kraft prägt. Sie ist gepaart mit etwas Schematischem, denn sie verschreibt sich dem Umgang mit Grundzügen, der Fähigkeit, gross zu denken – nicht so sehr der Hingabe an das Detail und dennoch ist sie sensibel im Eingehen auf das Gegebene. Vielleicht ist daher der Projektvorschlag für die Erweiterung der Unithèque in Lausanne umso aufschlussreicher, vermag er doch in seiner Stimmigkeit und den vielschichtigen Bezügen das bisherige Gesamtwerk zu reflektieren und wegweisend für das weitere Schaffen von FHV zu sein.

Der Wettbewerb forderte zur Auseinandersetzung mit der bestehenden strukturellen Architektur Guido Cocchis von 1983 auf. Wesentlich ist bei der Unithèque, der Bibliothek der Universität Lausanne, die Verortung im landschaftlichen Raum. Als dreifach terrassierter, amphitheaterartiger Baukörper ist sie in konvex gekrümmter Form in die Topografie eingebettet und öffnet sich konkav mit weiten Ausblicken zum Genfer See. So entwickelt der Bau eine emblematische Kraft der Unnahbarkeit. Er ist aber formal kein abgeschlossenes Werk, sondern eine offene Struktur. Hier gelingt es FHV, den Bau weiterzudenken. Ihre Lösung ist einfach wie raffiniert: Die simple Skelettstruktur des Bestandes wird durch eine grosszügige Hallenstruktur im Rücken, die die gekrümmte Geometrie aufnimmt, ergänzt und in die Landschaft erweitert.

In der Überlagerung und räumlichen Dualität entwickelt das Projekt seine Komplexität. Diese zeigt sich im Schnitt: Die drei Terrassen des Cocchi-Baus werden in die weiter aufsteigende Topografie übertragen und im Innenraum als drei räumlich besetzte Stufen ausgebildet, die eine stützenfreie Dachstruktur weit überspannt. Dadurch wird die Terrassierung auf konzeptioneller Ebene zum Leitmotiv verstärkt und nun auch als innenräumliches Thema präsent. Nicht als blosse Repetition ist dieser Eingriff zu verstehen, eher kann man von einer Relation sprechen, von einer Räumlichkeit, die Beziehungen knüpft – zum Bestand wie zur

L’Unithèque, Dorigny

Andreas Bründler

Architecture is created through the friction between the conditions in which it emerges: the programmatic requirements of the client, the characteristics of the location or existing structures, and the constructive necessities. The still early work of FHV is characterised by a large number of tasks that have been answered with numerous solutions. Their scales and programmes differ, but they self-evidently assert themselves in their projects, producing confident works of great conceptual and formal clarity. They are characterised by the search for monumental force, paired with a schematic aspect, since they are dedicated to engaging with the fundamentals, the ability to think big – not so much focusing on details and yet remaining sensitive in examining what already exists. Thus perhaps the proposed project for an extension to the Unithèque in Lausanne is all the more revealing, since its coherence and diverse references are able to reflect the architects’ overall oeuvre to date, while also paving the way for FHV’s work in the future.

The competition required the designs to engage with the existing structural architecture by Guido Cocchi, which was produced in 1983. A key element of the Unithèque, the library of the University of Lausanne, is its location in a rural space. The triple-terraced, amphitheatre-like building is embedded into the topography in a convex curve, while opening towards Lake Geneva in a concave form to provide broad views of the scenery. The building thereby develops am emblematic force of remoteness. However, it is an open structure rather than a formally concluded work. This is the point where FHV manage to continue to develop the building. Their solution is both simple and sophisticated: the simple skeletal structure of the existing building is extended by a spacious hall structure behind it that absorbs and adds to the curved geometry, extending it into the landscape.

The project develops its complexity using overlapping and spatial duality, as can be seen in the sectional view: the three terraces of the Cocchi building are transferred to the continuing, rising topography and developed in the interior space as three spatially occupied steps, above which an unsupported roof structure is broadly spanned. On a conceptual level, this enhances the terracing to become a leitmotiv that is now also present as an interior theme. The measure should not be regarded as a simple repetition, but instead as a relational aspect, producing a space that creates relationships. That relational aspect allows

Landschaft. Dabei lässt diese Relation die einzelnen Elemente in der variierenden Wiederholung umso mehr in ihrer Eigenheit hervortreten. Während der Bestand mit seinen Terrassen auf der Topografie steht, wird in der Ergänzung der Bau quasi selbst zur Topografie, denn die volumetrische Terrassierung, durch welche sich das Volumen dem Betrachter im Innern auf den einzelnen Ebenen entzieht, wird nun auf einen Blick durch die in die Topografie gestapelten Bücher überschaubar und kann leiblich im Abschreiten erfahren werden. Das ist der eigentliche Genius Loci des neu zusammengewachsenen Baus. Der Raum staffelt sich in seiner Einfachheit zurück, die Topografie kommt ins Gebäude.

Weit öffnet sich der stützenlose Raum im Innern des Neubaus. Sehend vermag man die Grenzen der Decke, die mit einer stark fluchtenden, strahlenartigen Trägerstruktur arbeitet, nicht zu greifen. Sie entzieht sich dem Blick, genauso wie die seitlichen Raumenden, die die Krümmung verstellt. In dieser Unendlichkeit setzt der Spielraum des Imaginären ein, der die Grenze wenn nicht sehen, doch denken kann. Dies entspricht der Funktion des Gebäudes: Die Bibliothek ist nicht nur Wissensspeicher, sie ist zugleich Arbeitsraum. Sie ist ein Ort, an dem sich im Lesen und in der Recherche ein Bewusstsein für die geistigen Fähigkeiten entwickeln soll. Eben diese Erfahrung bietet der Raum selbst durch seine abstrakte Formensprache. Im Gegenteil zum Cocchi-Bau, der das Panorama des Sees mit Verglasungen zelebriert, verwehrt der Erweiterungsbau dem Besucher auch bewusst den Ausblick, um die Konzentration auf die Arbeit zu forcieren. Stattdessen tritt natürliches Licht, wie durch einen Filter, durch die offene Rasterdecke in den Raum und moduliert ihn je nach Witterung mal leichter, mal mit stärkeren Lichtmomenten. Geschärft wird die Sensibilität der sinnlichen Wahrnehmung, die auf die Nuancen des Lichts aus ist. Dieser Bibliotheksraum ist ein Ort gesteigerter, da bewusstseinsfördernder Realität.

Während der Lesesaal sanft an den Bestand anschliesst und sich in die Landschaft schmiegt, ragt der Eingangsbereich zum Neubau als markanter Turm auf: Der früher verunklärte Zugang bekommt ein neues Gesicht. Konzipiert ist der schräg angeschnittene Turm als Lichttrichter, der die Sonnenstrahlen von Süden her einfängt und als lebendiges Element an die schematisch gestalteten Wände wirft. Monumental ist das Ausmass dieses Raumes. Der Turm ist im Innern Gang. Er ist Teil einer erhabenen Dramaturgie, die den Besucher durch Verengungen in Treppenzonen

the individual elements in the varying repetition to stand out all the more in terms of their distinctiveness.

While the existing structure with its terraces stands on the topography, the extension in a way turns the building itself into topography, since the volumetric terracing of the interior hides itself from the viewer on the individual levels, before suddenly revealing a clear overview through the books stacked in the topography, only allowing one to experience it by physically walking through it. That is the actual genius loci of the newly grown-together building. The space is staggered back into its simplicity; the topography enters the building.

The unsupported space opens out widely in the interior of the new building. It is not possible to visually grasp the limits of the ceiling, which works with a strongly aligning, radial load-bearing structure. It withdraws from one's sight, as do the lateral ends of the rooms due to the building's curvature. The scope of the imaginary is introduced in this endlessness, since one cannot see a conclusion, but only imagine it. In that respect it reflects the building's function: the library is not only an archive of knowledge, but also a place of work. It is a location in which a consciousness of intellectual ability is developed through reading and research. The space offers the same experience through its abstract formal language. Contrary to the Cocchi building, which celebrates the lake panorama with its glazing, the extension building deliberately blocks the visitor's view of the surrounding environment to stress the focus on work. Instead, natural light filters through an open grid ceiling and modulates the space depending on the weather, sometimes more subtly and sometimes with stronger moments of illumination. Awareness of sensorial perception is enhanced through the nuances of the light. This library space is a place of enhanced reality where consciousness grows.

While the reading room gently joins with the existing building and is embedded in the landscape, the entrance area of the new section rises up as a striking tower: the old, obscure entrance is given a new face. The diagonally cut tower is conceived as a light funnel that captures sunlight from the south and projects it as a living element onto the schematically designed walls. The measurements of this space are monumental. The tower houses an interior walkway that is part of a sublime drama, leading the visitor through the narrowing staircase zones before broadening the

führt, um den Raum dann wieder ins Unermessliche zu weiten und dann erneut anzusetzen – ihn zu verengen bis man in der Weite des Lesesaals steht. Die Übersteigerung der Form bewirkt Monumentalität. Lediglich die Nischen gewähren im Turm Räume des menschlichen Massstabs, während sich der Bestand eben nur diesem verschrieben hat.
Dieses Prinzip der Montage von Raumerfahrungen und das Konzept des Monumentalen, die einem repräsentativen Bau wie der akademischen Bibliothek gut stehen, erinnern an einen ebenso klassizistischen wie modernen Bau – nämlich die Bibliothek von Gunnar Asplund in Stockholm (1921–1928). Auch dieser Bau entwickelt eine differenzierte Szenografie des Erwarteten und Unerwarteten, die das Eintreten zelebriert bis man von der erhabenen Grösse des Leseraumes überwältigt wird. Auch er setzt auf klare Formen, auch er stellt die Bücher in abgetreppt gekurvte Wände, um das Wissen opulent aufzufächern, denn der sich nach oben hin weitende Leseraum ist eine Rotunde. Mit Asplund verbindet FHV die Suche nach der grosszügigen architektonischen Geste.

space out again into the immeasurable – and then constricting it once more until one stands in the broad space of the reading room. The excessive increase in the form has a monumental effect. Only the niches in the tower provide spaces with a human scale, which the existing structure had used exclusively.
Together with this monumental concept, the montage principle of spatial experiences is well suited to a prestigious building such as an academic library and is reminiscent of a building that is both classical and modern, namely the library by Gunnar Asplund in Stockholm (1921–1928). It too develops a distinctive scenography of the expected and unexpected, celebrating the act of entering until one is overcome by the sublime enormity of the reading room. It also uses clear forms and places the books along staggered, curved walls to opulently fan out its knowledge, since the reading room widens upwards to form a rotunda. Asplund and FHV are linked by this search for an expansive architectural gesture.

Mehrfamilienhaus, Saint-Sulpice

Apartment building, Saint-Sulpice

Der Entwurf fügt sich in eine Umgebung ein, in der die Natur dominiert. Am Ende der Parzelle angesiedelt, profitiert er von der dichten Bepflanzung im Südosten und vom Gefälle des Terrains, wodurch sich für ihn eine Überhangsituation ergibt.
So entsteht ein autonomes Gebäude mit drei in sich geknickten Etagen. Diese sind minimal vom Boden losgelöst, sodass sie leicht über diesem zu schweben scheinen und der Pavilloncharakter dadurch noch verstärkt wird. Der gesamte Baukörper ist verglast und umlaufend vollständig von grosszügigen Balkonen umgeben. Die sich in seinen Fensterflächen ringsum spiegelnde Vegetation ist ein integraler Bestandteil seines Erscheinungsbildes und bildet einen Kontrast zu den schwarzen Metallelementen der Fassade.
Der Plan ist in vier konzentrischen Schichten aufgebaut, welche die Aufteilung bestimmen; über ein grosses zentrales Treppenhaus mit Oberlicht werden die einzelnen Wohnungen erschlossen. Dahinter befinden sich Nebenräume sowie der Eingangsflur der Wohnungen. Die Wohnräume schliesslich sind entlang der Fassade angeordnet und verfügen alle über einen direkten Zugang zum Balkon.

The project forms part of a predominantly natural environment. Built at the end of a plot, it takes full advantage of the dense plantation of trees to the south east and the slope of the land which offers attractive views over the vegetation below.
The building is autonomous, with three floors raised slightly off the ground to emphasise their free standing character. The building is entirely glazed and encircled by spacious balconies. The reflections of the surrounding vegetation are an integral part of the structure's expression and contrast with the dark, metallic elements of the façade.
The plan is based on a principle of concentric layers; at the centre, a large stairwell bathed in natural light from above leads to the apartments. Then come the secondary areas and the hallways in front of the apartments. Finally, the living spaces are arranged along the façade, each with direct access to the balcony.

Eingeladener Wettbewerb / 1. Preis
Planung und Ausführung: 2012–2014
Team: Claudius Fruehauf, Guillaume Henry, Carlos Viladoms, Francesca Fraschini, Alberto Sols, Remy Cottin
Bauherr: Edipresse Développement SA

Invitational competition / 1st Prize
Planning and construction: 2012–2014
Team: Claudius Fruehauf, Guillaume Henry, Carlos Viladoms, Francesca Fraschini, Alberto Sols, Remy Cottin
Client: Edipresse Développement SA

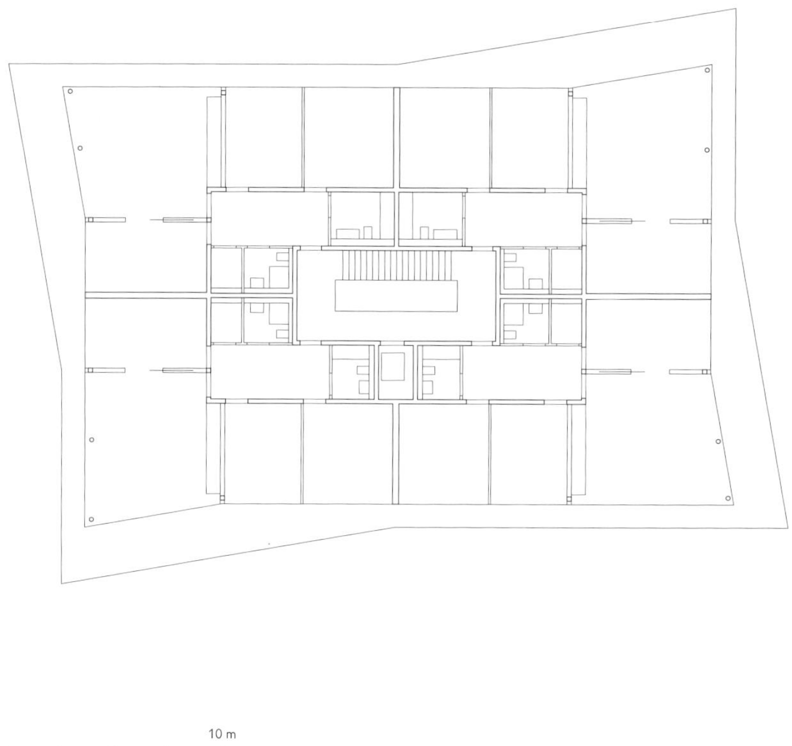

10 m

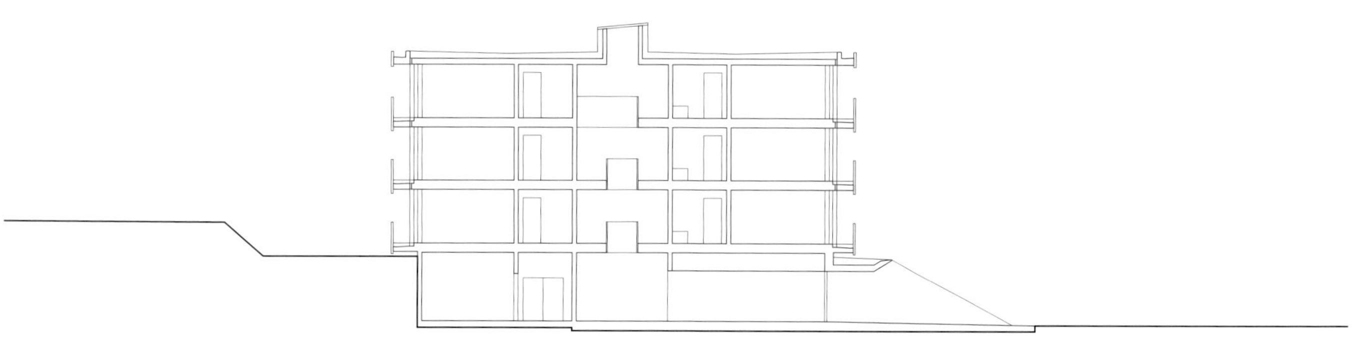

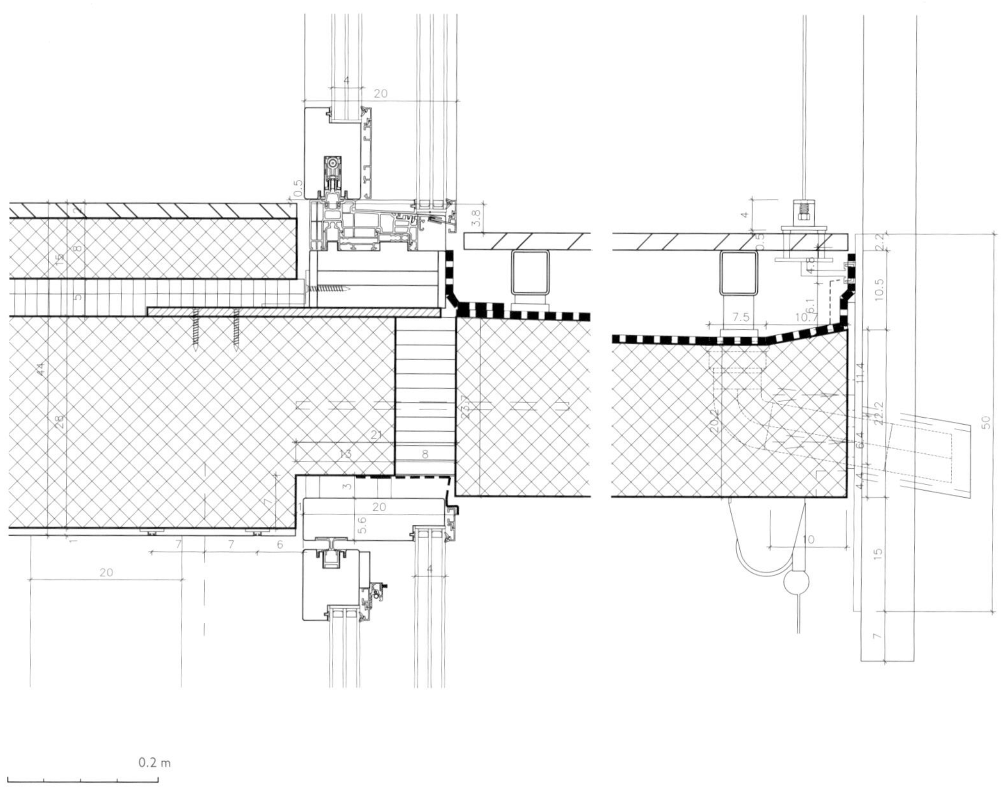

Verwaltungsgebäude, Saint-Sulpice

Das Verwaltungsgebäude, das vom gleichen Bauherrn in Auftrag gegeben wurde wie das benachbarte Wohnhaus, entstand aus dem Wunsch heraus, einen Dialog zwischen den beiden Entwürfen herzustellen. Dies kommt vor allem durch die Geometrie der Baukörper zum Ausdruck, deren geknickte Fassaden den Pavilloncharakter verstärken, jedoch auch durch die verwendeten Materialien Sichtbeton, Glas und schwarz lackiertes Metall.
Der Zugang zum Gebäude erfolgt durch ein grosszügiges Entree, von dem aus man in die zentrale Halle mit Oberlicht gelangt. Die Halle entwickelt sich über die Treppe kaskadenartig nach oben.
Die Struktur des Gebäudes ist als aussenseitiges Betongitter angelegt, das an Ort und Stelle gegossen wurde. Die Platten reichen vom Kern des Gebäudes bis zur Fassade, wodurch die beiden Büroebenen frei von jeglichen Strukturelementen sind.

Administrative building, Saint-Sulpice

The administrative building commissioned by the same project owner as the adjacent residential structure has been developed with a view to creating an exchange between the two projects. This can primarily be seen in the geometry of the buildings, with the “pleated” façades emphasising the free-standing character, and in the materiality thanks to the predominance of concrete, metal and glass.
The building is accessed via a large entrance opening onto a central lobby bathed in natural light from above. The lobby cascades upwards with a staircase leading to the first floor.
The structure is designed as an in-situ cast concrete outer grille. The underlying slabs run from the central hub to the façade, freeing the two office spaces of all structural elements.

Direktauftrag
Planung und Ausführung: 2013–2015
Team: Claudius Fruehauf, Guillaume Henry, Carlos Viladoms, Francesca Fraschini, Alberto Sols, Remy Cottin
Bauherr: Edipresse Développement SA

Direct contract
Planning and construction: 2013–2015
Team: Claudius Fruehauf, Guillaume Henry, Carlos Viladoms, Francesca Fraschini, Alberto Sols, Remy Cottin
Client: Edipresse Développement SA

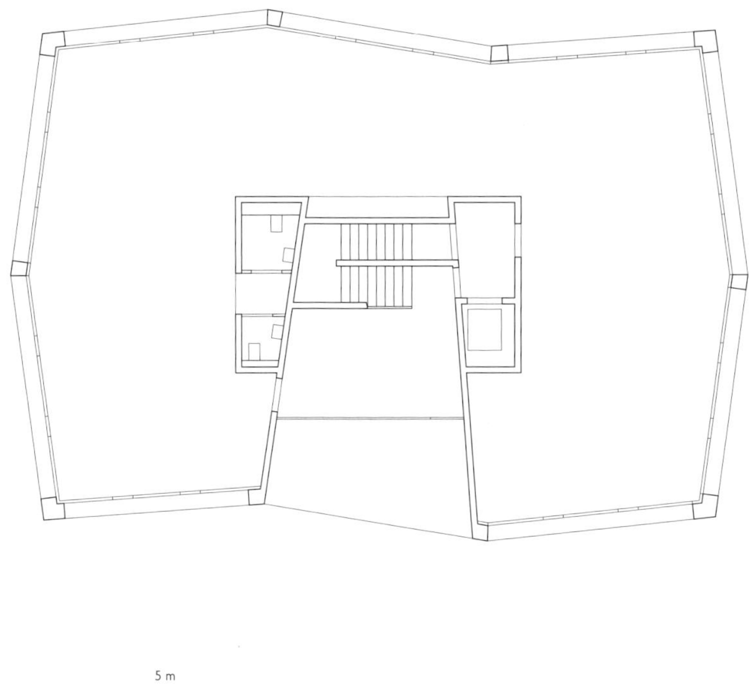
5 m

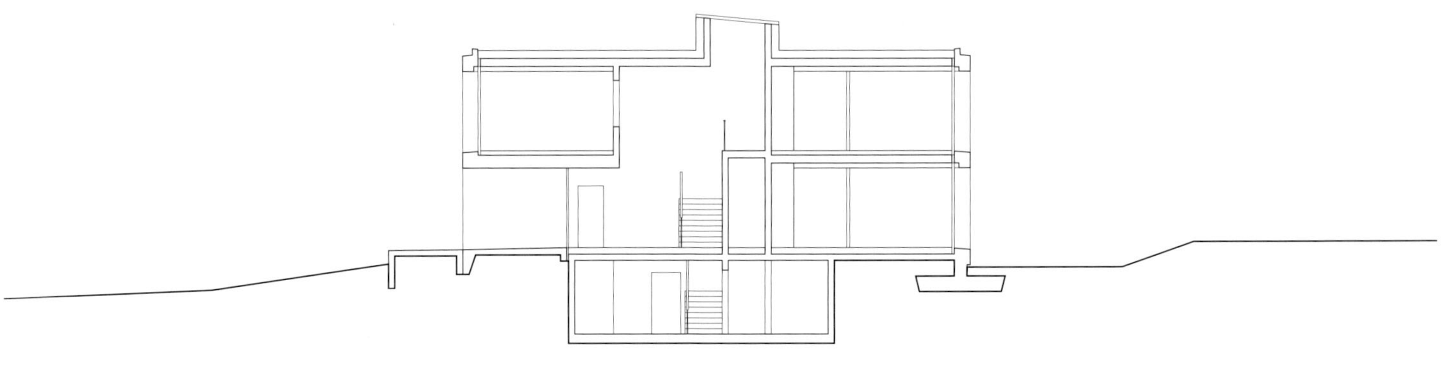

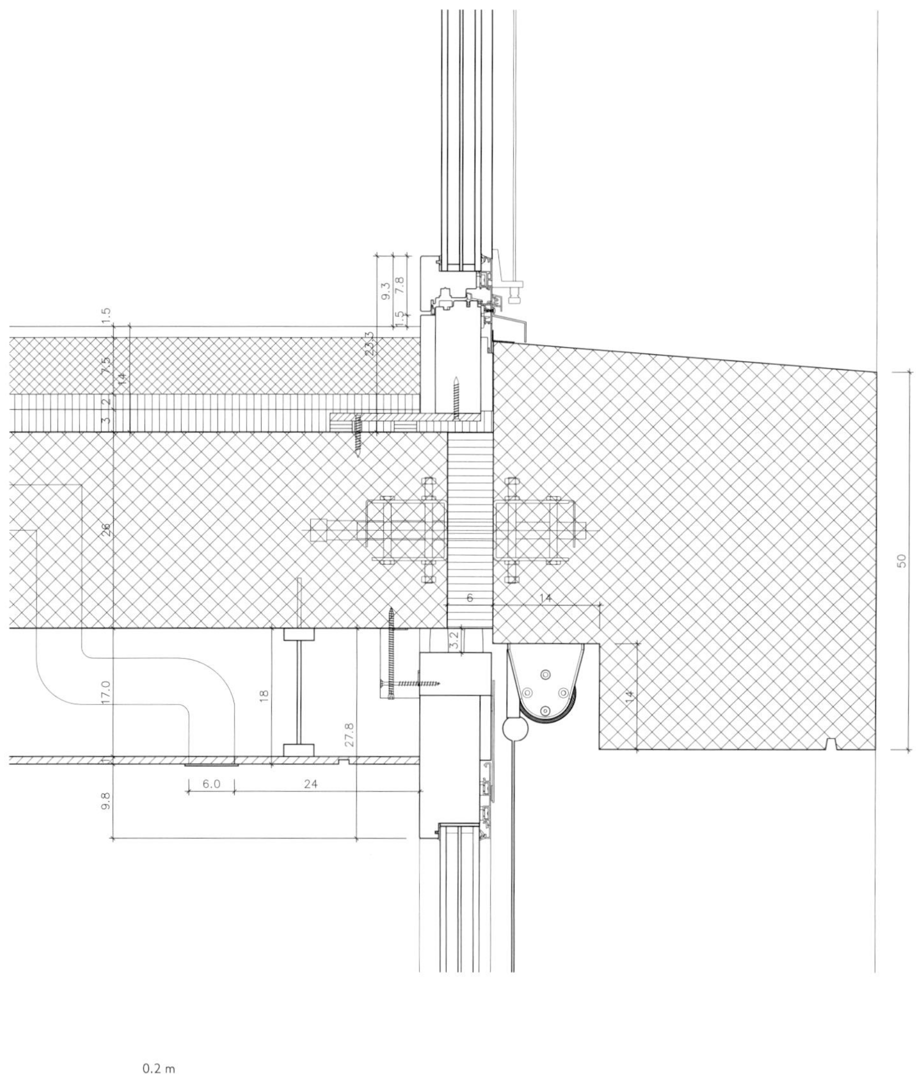

1.5
9.3
7.8
1.5
23.3
7.5
14
3.2
3
26
6
14
50
3.2
14
17.0
18
27.8
6.0
24
9.8
0.2 m

Wohnüberbauung Avenue de Morges, Lausanne

Das Baugelände befindet sich am Rande des Zentrums von Lausanne, wo das dichte Stadtgefüge nach und nach in eine Einzelbebauung übergeht. Die Hauptintention besteht darin, die städtische Atmosphäre einer Quartierbebauung zu stärken und dabei qualitätsvollen Wohnraum zu schaffen.
Der Entwurf spielt auf diese Weise mit Kontrasten: Er präsentiert sich urban und geschlossen nach aussen, begrünt und durchlässig im Innern. Die mächtige Geometrie des Innenhofes, die aus stadteigenen urbanen Prinzipien resultiert, verbindet die vier Baukörper.
Dieser grüne, von der Strasse abgeschirmte Hof wird zu einem einladenden Platz, der sich für Freizeitvergnügungen eignet. Die Eingänge zu den einzelnen Baukörpern durchqueren das gesamte Gebäude, sodass man über jede Treppe mühelos sowohl auf die Strasse als auch in den Garten gelangen kann und im Erdgeschoss so eine Durchlässigkeit erzielt wird.
Folgendes typologisches Prinzip wurde angewandt: Die Küche und das Wohnzimmer bilden einen fortlaufenden Raum, wobei die beiden Bereiche unterschiedlich ausgerichtet sind. Diese Doppelausrichtung der Wohnungen sorgt für abwechslungsreiche Lichtverhältnisse. Die Privatsphäre der Schlafzimmer, die zu einem kompakten Block gruppiert sind, wird durch eine Reihe von Serviceräumen vom gemeinschaftlichen Wohnbereich abgeschirmt.

Avenue de Morges residential development, Lausanne

The site is located at the edge of Lausanne city centre where the dense urban area gradually gives way to individual buildings. The main aim is to consolidate the urban architecture of the neighbourhood while providing quality living space.
The project therefore plays on contrasts: a closed, urban exterior and a greener, more open interior. The powerful geometry of the inner courtyard, which is based on a star shape, unites the four plots.
Protected from the street outside, this green courtyard becomes a convivial area for the neighbourhood. The entrances to the plots are throughways, offering each stairwell easy access to the street or garden and ensuring the use of the courtyard. The apartments are designed with an open kitchen and living room, each with a different orientation.
This dual orientation creates various lighting conditions in the living spaces. Organised in a compact block, the bedrooms are separated from the common areas by means of sanitary areas, ensuring total privacy.

Offener Wettbewerb / 1. Preis
Planung und Ausführung: 2009–2015
Team: Claudius Fruehauf, Guillaume Henry, Carlos Viladoms, Cedric Ilegems, Clélie Protière, Joëlle Cruchon, Rachel Mew, Marta Lopez de Asian
Bauherr: Coopérative Cité Derrière

Open competition / 1st Prize
Planning and construction: 2009–2015
Team: Claudius Fruehauf, Guillaume Henry, Carlos Viladoms, Cedric Ilegems, Clélie Protière, Joëlle Cruchon, Rachel Mew, Marta Lopez de Asian
Client: Coopérative Cité Derrière

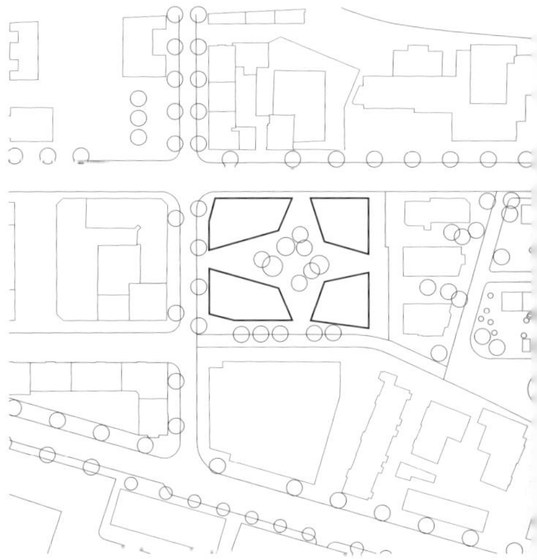

20 m

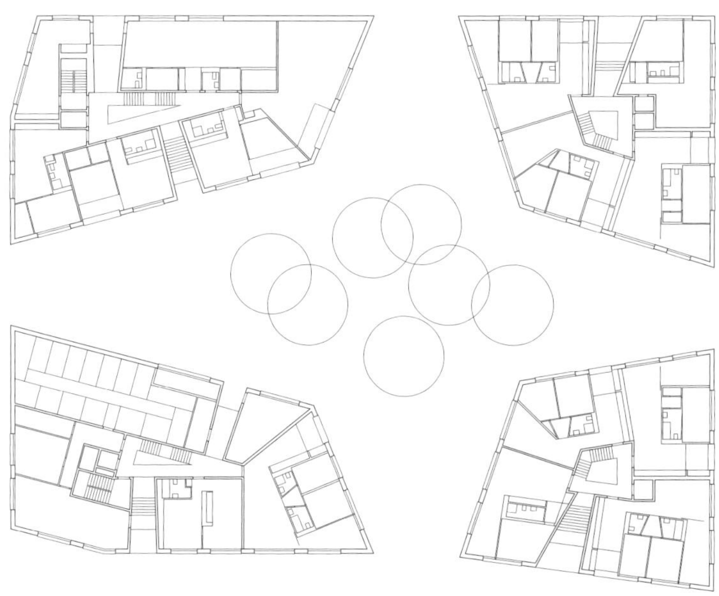

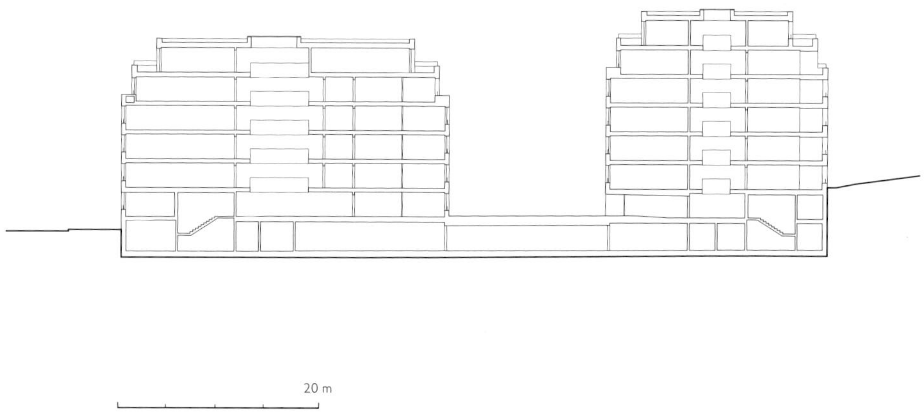
20 m

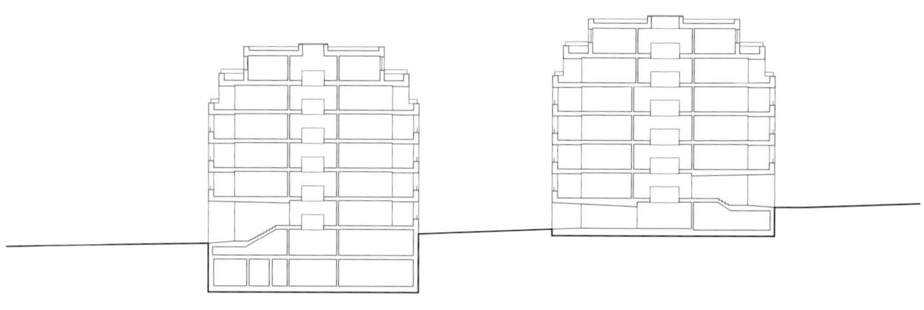

137

Einfamilienhaus, Prévessin-Möens, Frankreich

Das Baugrundstück ist eine grosse grüne Längsfläche, die hinter dem Laub der sie säumenden Bäume versteckt ist. Der Baukörper erstreckt sich über drei Ebenen und weist so eine geringe Grundfläche auf, damit der Garten erhalten bleibt. Das monolithische Erscheinungsbild der Fassade lässt durch grosse Fenster, welche die Aussenhülle aufbrechen, die innere Räumlichkeit erkennen. Die Raumorganisation erfolgt gleich einem Aufstapeln von Volumina, sodass ein fortlaufender Raum entsteht, der die drei Etagen über eine Treppe miteinander verbindet. Auf diese Weise ergeben sich vielfältige visuelle Beziehungen im Innern, aber auch nach draussen. Im Erdgeschoss ist der gemeinschaftliche Wohnbereich untergebracht, die erste Etage ist den Kindern zugedacht und die zweite den Eltern.

Single-family home, Prévessin-Möens, France

The site is an extensive, elongated green area hidden by the foliage of the large trees surrounding it. The house is built on three storeys while retaining small base dimensions to the benefit of the garden. The monolithic façade offers a glimpse of the spacious interior through broad windows. The rooms create the impression of a layered structure with an extended stairwell connecting the three floors. This generates varying visual perceptions both inside and outwards. The ground floor houses the common areas, while the first upper level is intended for the children and the second floor is occupied by the parents.

Direktauftrag
Planung und Ausführung: 2013–2015
Team: Claudius Fruehauf, Guillaume Henry, Carlos Viladoms, Guillermina Ceci
Bauherr: privat

Direct contract
Planning and construction: 2013–2015
Team: Claudius Fruehauf, Guillaume Henry, Carlos Viladoms, Guillermina Ceci
Client: Private

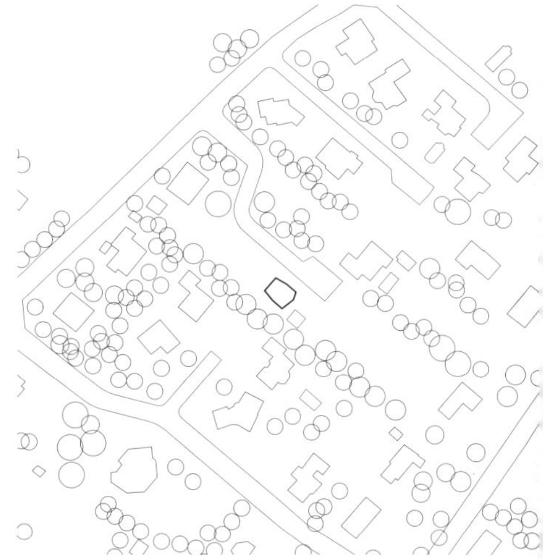

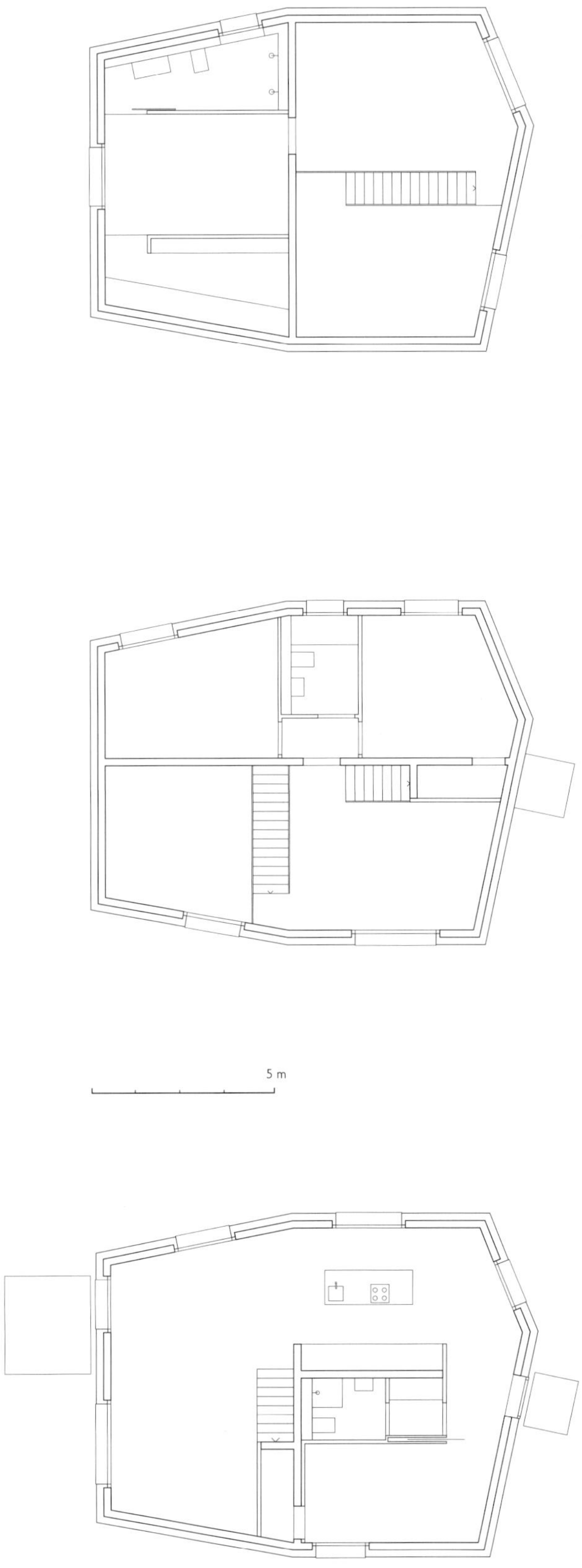
5 m

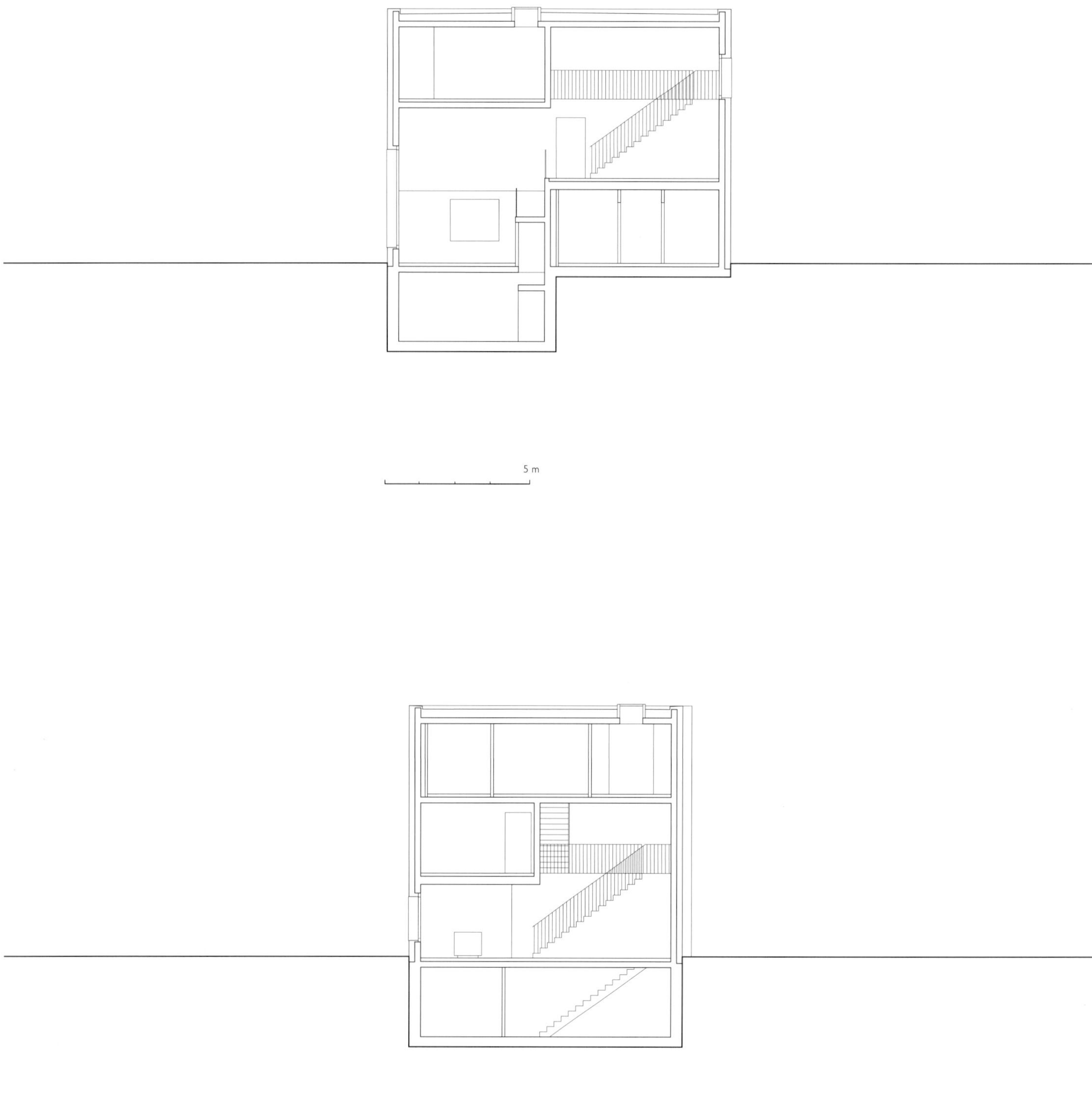
5 m

San Miguel
BAR-RESTAURANT
SOL & MAR
wohnshop

Installation *Lausanne jardins* 2014, Lausanne

In städtischem Umfeld sorgt der Entwurf für einen starken Kontrast zwischen Gebautem, Mineralischem und Statischem sowie Pflanzlichem, Evolutionärem und Dynamischem. Das vegetabile Element präsentiert sich in Form aufgeblähter Volumina, die aus dem Innern der Tempelfront hervorquellen. Die vertikal aufgerichteten Rasenflächen bieten der Logik die Stirn und verleihen dem Ganzen einen Abstraktionsgrad, welcher die Besonderheit und Einzigartigkeit der Installation noch hervorhebt. Sie erscheint wie ein Parasit, wie eine Anomalie in einem gewöhnlichen Kontext.

Lausanne gardens 2014 installation, Lausanne

Set in an urban environment, the project creates a strong contrast between the mineral, static constructed elements and the dynamic, evolving planted areas. The vegetation colonises the temple from inside, swelling to overflowing. Defying all logic, the vertical lawns create a certain abstraction that emphasises the singular nature of the installation. It resembles a parasite, representing an anomaly set against an ordinary backdrop.

Offener Wettbewerb / 1. Preis
Planung und Ausführung: 2013–2014
Team: Claudius Fruehauf, Guillaume Henry, Carlos Viladoms, Clélie Protière, Pierre Chèvremont
Bauherr: Stadt Lausanne

Open competition / 1st Prize
Planning and construction: 2013–2014
Team: Claudius Fruehauf, Guillaume Henry, Carlos Viladoms, Clélie Protière, Pierre Chèvremont
Client: City of Lausanne

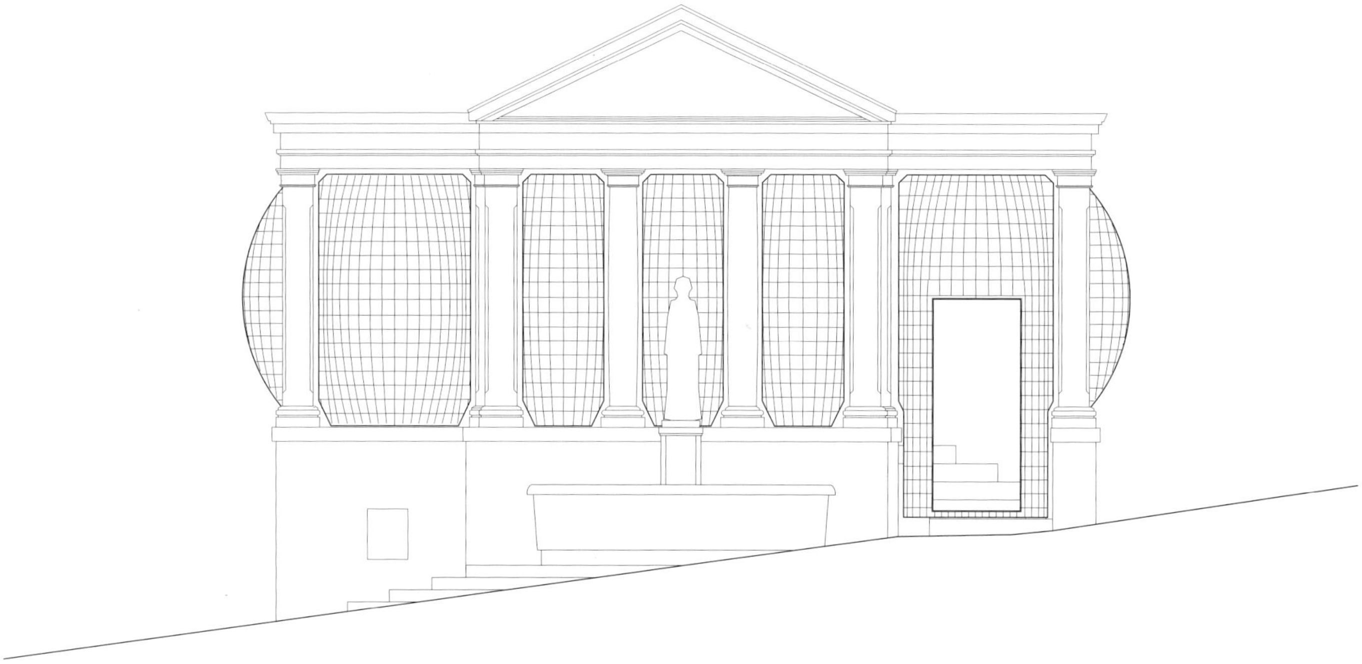

2 m

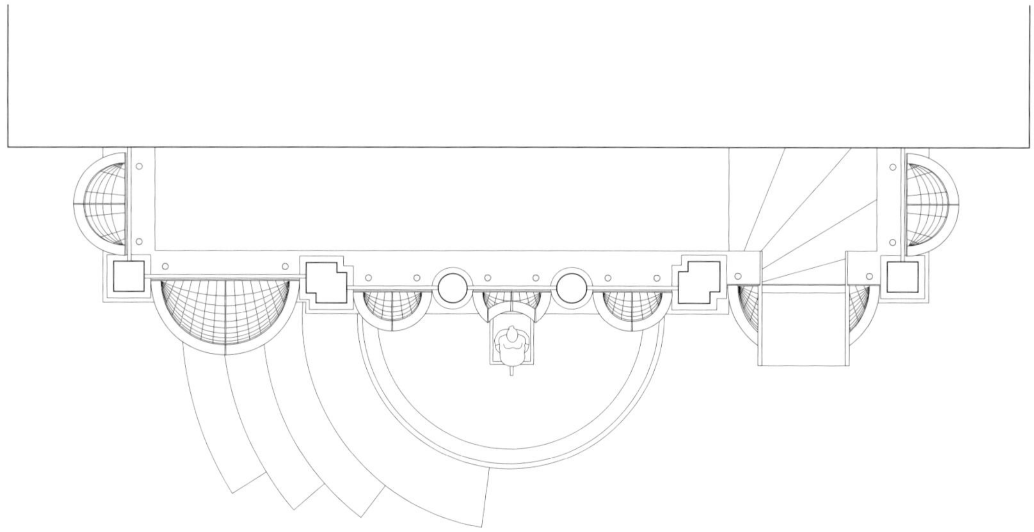

TARA BEAUTE
ESTHETIQUE
079 510 05 26
RUE DE L'ALE

Wohn- und Geschäftsanlage Les Vernets, Genf

Dem Projekt gelingt es, fliessende öffentliche Räume, welche die Kontinuität städtischen Lebens sicherstellen, und gleichzeitig markante Baukörper zu schaffen, die prägend sind für die Erneuerung des Quartiers.

Zwei grosse rechteckige Häuserblöcke bilden die Strassenfronten und bieten Ruhe sowie sonnenbeschienenes Grün im Hof. Als Kontrapunkt gliedern eine Schule, ein Büro- und Geschäftshaus sowie ein Wohnturm gekonnt den öffentlichen Raum. Der Turm, der nördlich des Wohnquartiers angesiedelt ist, steht dem Park Baud-Bovy auf der anderen Seite der Arve gegenüber und verankert das Projekt in der städtischen Umgebung.

Die rational und effizient gestalteten Wohnungen bieten abwechslungsreiche Ausblicke und sind bald zum Hof, bald zur Stadt hin ausgerichtet.

Les Vernets residential and commercial development, Geneva

This project succeeds in creating both streamlined and familiar areas while ensuring the continuity of the city and establishing strong forms that will leave their mark on the renewal of this extensive neighbourhood.

Two large rectangular blocks overlook the road providing a sunny, green and peaceful environment in the courtyard. As a counterpoint, a school, an office building and a residential tower interlink the public areas with complementary functions and forms. Precisely placed to the north of the residential units, the tower responds to the Baud-Bovy Park on the other bank of the River Arve, creating a sign for the project in the surrounding city.

The rationally and efficiently designed apartments offer diverse views and are orientated towards both the courtyard and the the city.

Offener Wettbewerb / 1. Preis
Planung und Ausführung: 2014–
Team: Claudius Fruehauf, Guillaume Henry, Carlos Viladoms, Joëlle Cruchon, Cindy Barraud
Bauherr: Kanton Genf

Open competition / 1st Prize
Planning and construction: 2014–
Team: Claudius Fruehauf, Guillaume Henry, Carlos Viladoms Joëlle Cruchon, Cindy Barraud
Client: Canton of Geneva

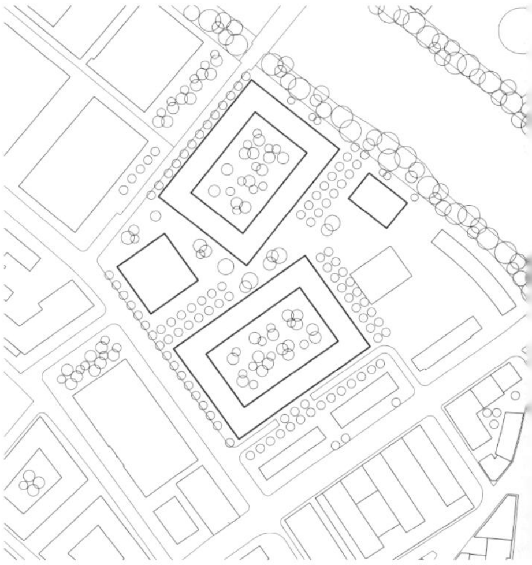

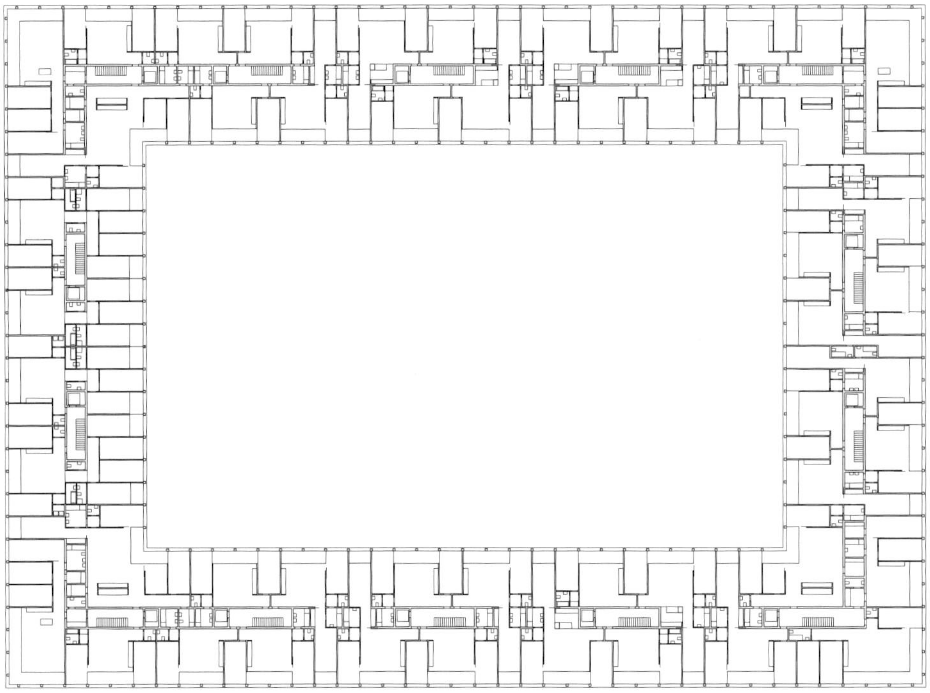

20 m

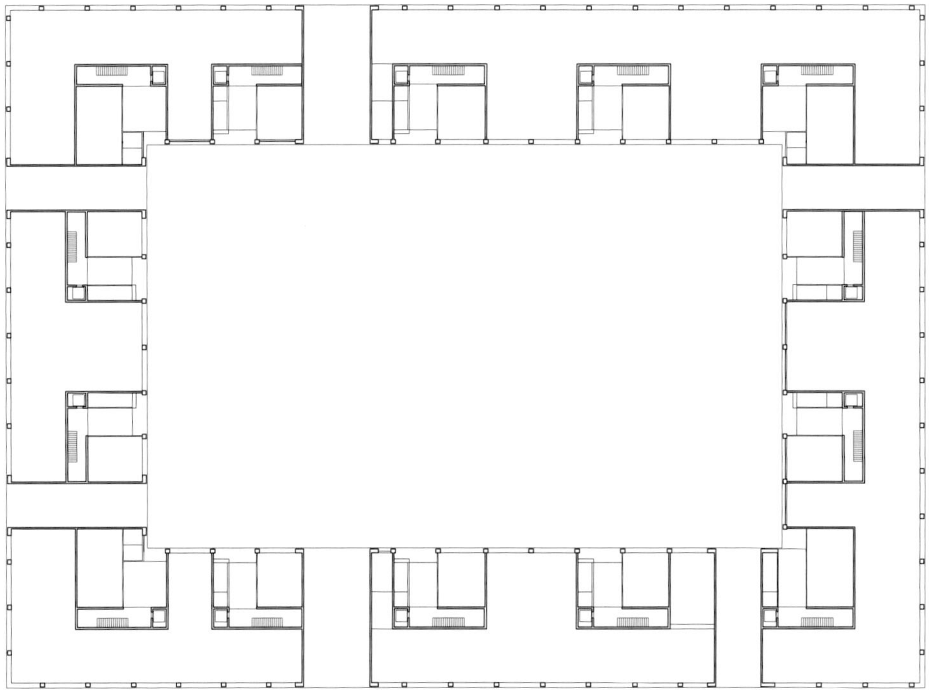

Universitätsbibliothek Unithèque, Lausanne

Die Erweiterung der Unithèque erfordert das Eingreifen an einem Gebäude, das perfekt in seine natürliche Umgebung integriert und präzise in den sanften Abhang gegenüber dem Genfer See eingebettet ist. Es wird von der gesamten Bevölkerung geschätzt, die ihm wegen seiner gekrümmten Geometrie ausserdem den liebevollen Beinamen «die Banane» gegeben hat. Der Entwurf erstrebt eine respektvolle Beziehung zu dem von Guido Cocchi geplanten Bau. Hinter diesem angesiedelt, überragt der Erweiterungsbau ihn um nur wenige Meter. Er lässt seine Gegenwart von Süden her erahnen und setzt das für die Kantons- und Universitätsbibliothek so charakteristische Terrassenprinzip fort. Ein schlanker Baukörper erhebt sich als einziges sichtbares Zeichen des baulichen Eingriffs wie ein Leuchtturm über dem Dach. Er markiert die Erweiterung und kanalisiert das Tageslicht hin zum neu geschaffenen Haupteingang. Der Erweiterungsbau selbst präsentiert sich als grosszügiger Lesesaal, in dem Literatur und Arbeitsplätze untergebracht sind. Er wird von einem Dach mit einer enormen Spannweite überdeckt, durch das diffuses Tageslicht eindringt, was den Nutzern optimale Lichtverhältnisse bietet. Seine Einbettung in die Landschaft erfolgt durch drei Terrassen, die dem natürlichen Gefälle des Geländes angepasst sind. Die untere, ebenerdige Etage schliesst sich an die Hauptebene der existierenden Bibliothek an. Auf diese Weise miteinander verbunden, fungieren die beiden in unterschiedlichen Konstruktionsphasen errichteten Baukörper als ein einziges integrales Bauwerk.

Unithèque university library, Lausanne

The extension of the university library means working on a building that is perfectly integrated within its natural environment, precisely located on the gentle slope overlooking Lake Geneva. The project aims to pay due respect to the building designed by Guido Cocchi. Erected behind the current library building, the extension only protrudes above it by a few metres, offering a glimpse of its presence from the south and extending the terrace principle so characteristic of this cantonal and university library. A slender construction rears up from the roof like a lighthouse, the only clear sign of the recent work. It marks the presence of the extension and serves to channel natural light towards the newly-created main entrance. The extension itself offers a spacious reading room housing collections of books and work areas. It is covered by a single-span roof that allows diffuse natural light through to offer users the best possible lighting conditions. Three terraces following the natural slope of the land surrounding it.
The lower reference floor connects directly to the main floor of the existing library building on the same level. This enables the two phases of construction to operate as one single building.

Offener Wettbewerb / 1. Preis
Planung und Ausführung: Kanton Waadt
Bauzeit: 2015–
Team: Claudius Fruehauf, Guillaume Henry, Carlos Viladoms, Gabriela Bratu, Sandra Villiger, Christopher El Hayek, Christophe Pittet
Bauherr: Kanton Waadt

Open competition / 1st Prize
Planning and construction: 2015–
Team: Claudius Fruehauf, Guillaume Henry, Carlos Viladoms, Gabriela Bratu, Sandra Villiger, Christopher El Hayek, Christophe Pittet
Client: Canton of Vaud

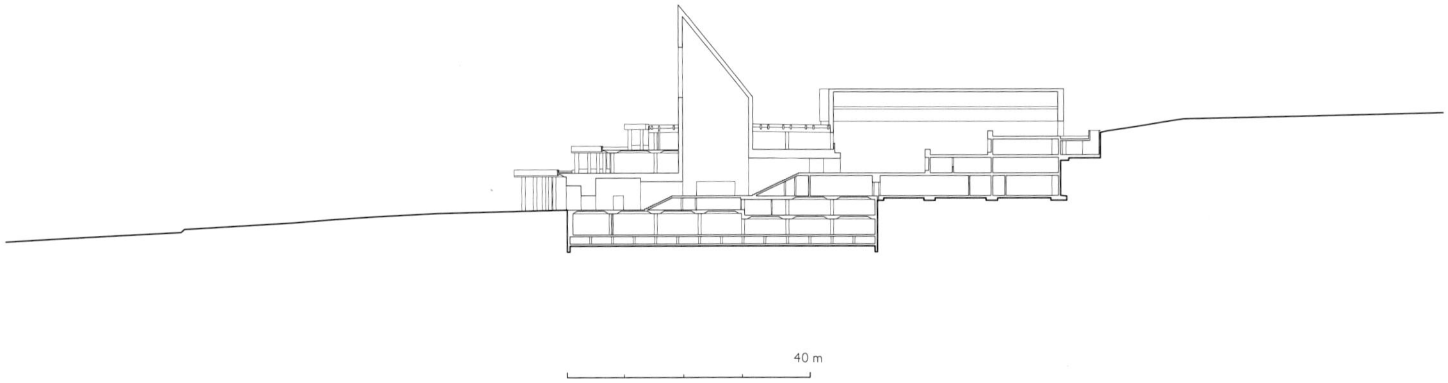
40 m

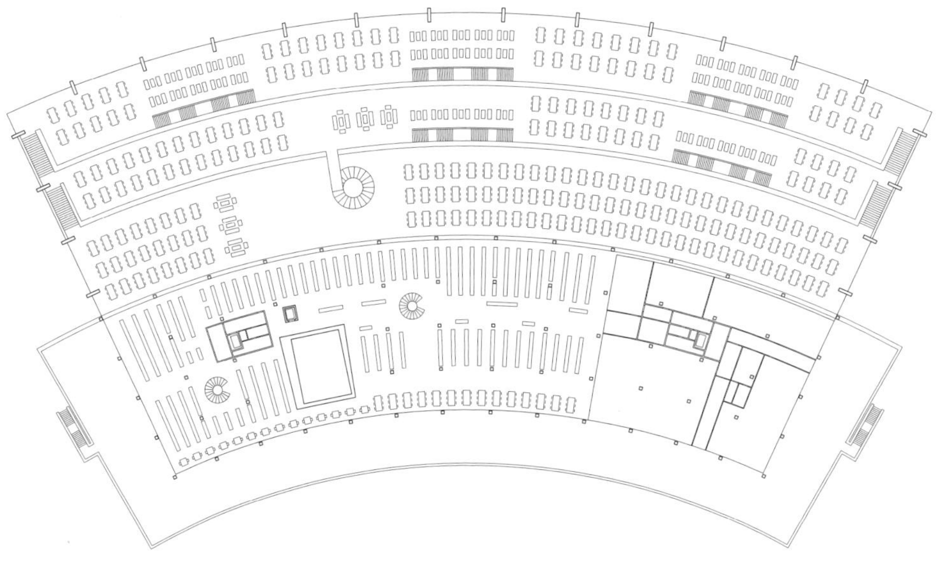

Musée du Léman, Nyon

Die auf einem Hügel thronende Altstadt von Nyon befindet sich in einer sehr charakteristischen topografischen Lage. Eine Reihe von Stadt- und Stützmauern gliedert die Umgebung und bildet Plateaus, Aussichtsplattformen und Wege aus.
Der Entwurf für die Erweiterung des Musée du Léman stützt sich auf dieses System, um sich in ein von einer tausendjährigen Geschichte geprägtes Umfeld einzufügen. Das gesamte Ensemble «schlüpft» unter die Erdoberfläche zwischen dem Park Bourg-de-Rive und dem Park Bois-Fleuri. So entsteht ein weiterer Park unter dem Felsvorsprung, der einen neuen Aussichtspunkt auf den Genfer See bietet. Eine neue Mauer, die an die historischen Stadtmauern erinnert, markiert den Umriss des Gebäudes.
Von der Altstadt aus präsentiert sich dieses gewichtige öffentliche Gebäude diskret und unauffällig, während es von der Seeseite aus seine Präsenz und seine Epoche stolz behauptet. Aus der Ferne wirkt es wie ein Wahrzeichen. Dieses Gebäude mit seinem dezidiert zeitgenössischen Charakter bildet einen interessanten Kontrast zu dem Erbe vergangener Zeiten.

Musée du Léman, Nyon

Perched on a hill, the old town of Nyon boasts a highly characteristic topography. A series of walls and embankments form the outer limits while defining the plateaux, belvederes and pathways.
The project for the extension of the Musée du Léman builds on this to blend into an environment marked by history stretching back over a thousand years. The programme as a whole "slides" under the ground between the Bourg-de-Rive and Bois-Fleuri parks, creating a park on a promontory that offers a new viewpoint over Lake Geneva and is bordered by a new wall recalling the historic city ramparts.
Viewed from the old town, this important public building blends in discreetly, while from the lake, the emblematic symbol is visible from afar, a proud reminder of its epoch. The resolutely contemporary building contrasts perfectly with the heritage of the past.

Eingeladener Wettbewerb / 1. Preis
Planung und Ausführung: 2014–
Team: Claudius Fruehauf, Guillaume Henry, Carlos Viladoms, Francesca Fraschini, Clélie Protière, Rémy Cottin, Célia Küpfer, Christopher El Hayek
Bauherr: Fondation pour le Musée du Léman

Invitational competition / 1st Prize
Planning and construction: 2014–
Team: Claudius Fruehauf, Guillaume Henry, Carlos Viladoms, Francesca Fraschini, Clélie Protière, Rémy Cottin, Célia Küpfer, Christopher El Hayek
Client: Fondation pour le Musée du Léman

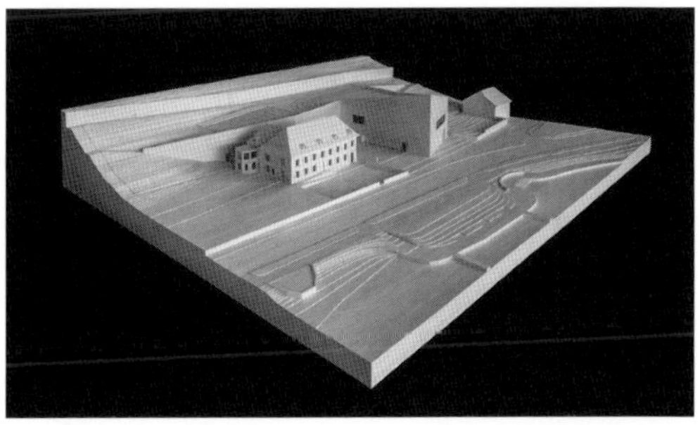

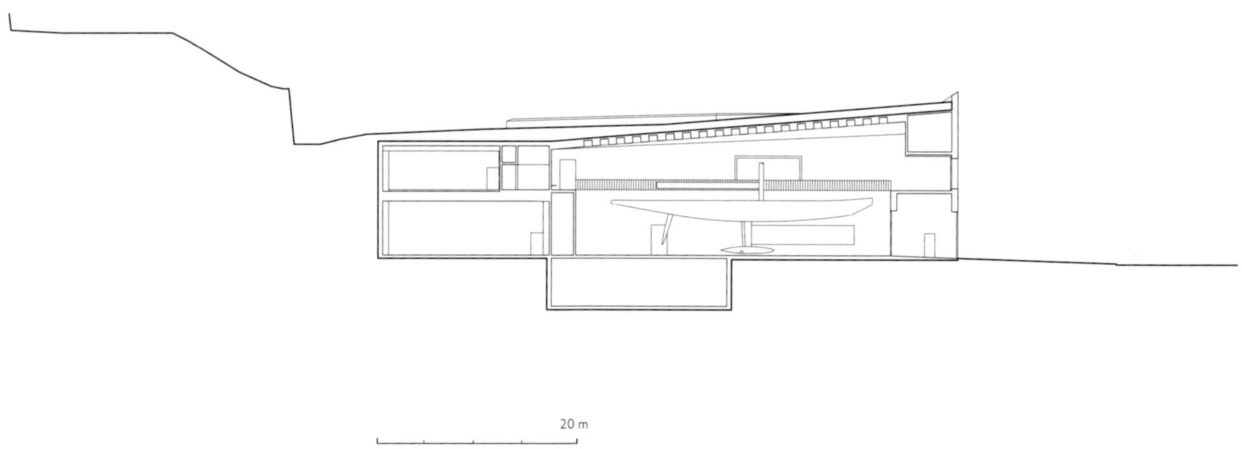
20 m

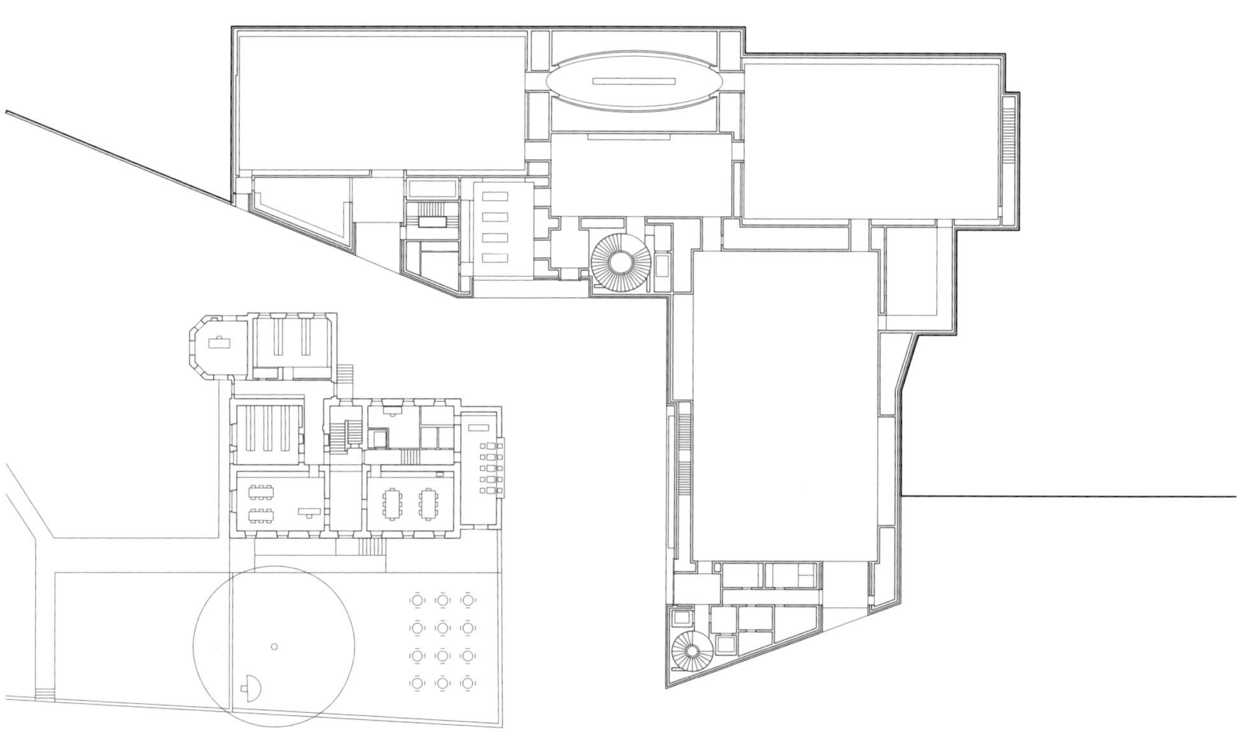

Wohnüberbauung Boveresses, Lausanne

Das Baugelände befindet sich mitten im Viertel Boveresses und ist umgeben von Wohnungsbaukomplexen, die für die Lausanner Architektur typisch sind. Der Entwurf zielt auf eine Integration in dieses sehr charakteristische Umfeld ab. Das Ergebnis ist eine urbane Formensprache, die die klare städtische Ausrichtung der Umgebung aufgreift und einen abgetreppten Baukörper präsentiert. Ohne sich der unmittelbaren Umgebung sklavisch unterordnen zu wollen, weist das Gebäude dennoch eine starke Bindung an seine Umwelt auf. Im Südwesten befinden sich die Hauptzugänge zu den Wohnungen und zu den Gewerbe- und Wirtschaftsräumen. Die Nordostseite weist keine Funktionen dieser Art auf und ist stattdessen mit einem grossen Garten ausgestattet.
Der Grundriss basiert auf einem orthogonalen System mit unterschiedlich verteilten Räumen. Jede Wohnung verfügt über eine grosszügige Eingangshalle, von der aus die Hauptwohnräume erschlossen werden. Durch die Fassadenrücksprünge ergibt sich eine Ausrichtung der Wohnungen in verschiedene Richtungen. Genau wie in städteplanerischer Hinsicht haben die Architekten auch mit den Fassaden versucht, eine Verbindung zu den umliegenden Gebäuden herzustellen. Hauptbaumaterial ist Beton, der durch Metallarbeiten am Aussenbau ergänzt wird.

Boveresses residential development, Lausanne

The site is located at the heart of the Les Boveresses district, surrounded by housing that is emblematic of the architecture in Lausanne. The project aims to fit seamlessly into this backdrop with its strong identity. This gives rise to an urban morphology reflecting the clear orientation of the surrounding urban programme and creating an articulated, saw-tooth design. Without trying to mimic it, the building forms a strong link with its environment. The main access ways to the apartments and facilities are located to the southwest. The north-western area is therefore free of these constraints and accommodates a large garden.
The floor plan is based on an orthogonal system consisting of adjoining rooms. Each apartment boasts a spacious entrance hall linking the main areas. The recesses in the façade ensure that the apartments are orientated towards several sides. Like the urban element, the approach to the façades endeavours to create a link with the adjacent buildings. The main material used is concrete, offset by metallic joinery.

Eingeladener Wettbewerb / 1. Preis
Planung und Ausführung: 2016–
Team: Claudius Fruehauf, Guillaume Henry, Carlos Viladoms, David Viladomiu, Cindy Barraud, Sandra Villiger
Bauherr: Coopérative Logement idéal

Invitational competition / 1st Prize
Planning and construction: 2016–
Team: Claudius Fruehauf, Guillaume Henry, Carlos Viladoms, David Viladomiu, Cindy Barraud, Sandra Villiger
Client: Coopérative Logement idéal

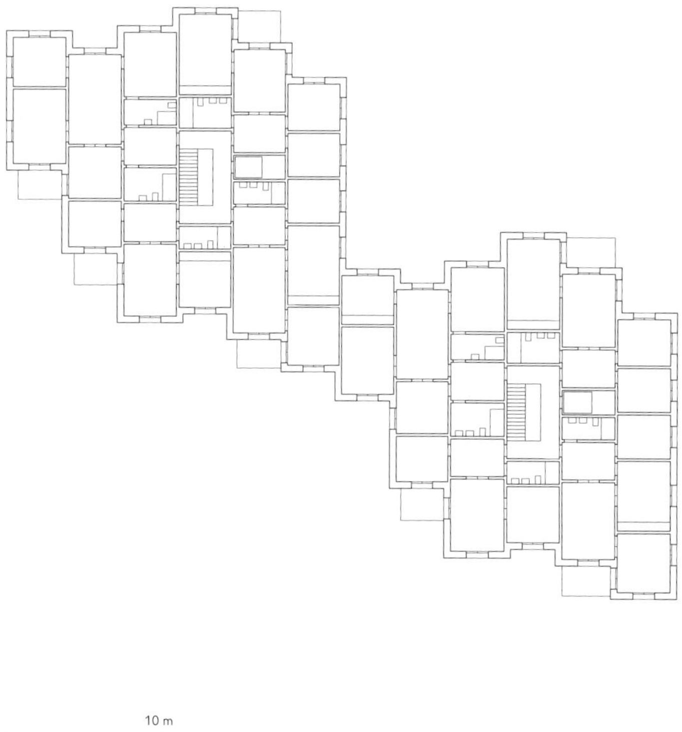
10 m

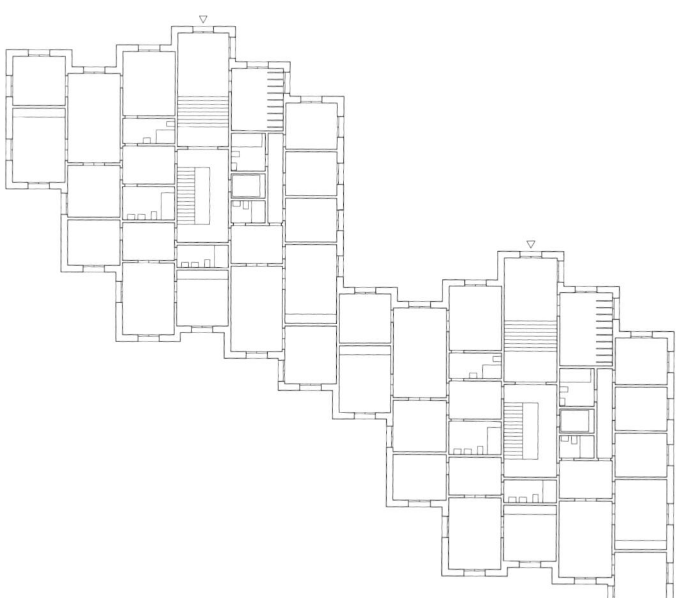

Werkverzeichnis / List of works

Auswahl Bauten, Projekte und Wettbewerbe / Selection of buildings, projects and competitions

		Realisierte Projekte
2014		Mehrfamilienhaus, Saint-Sulpice (eingeladener Wettbewerb 2012 / 1. Preis)
		Installation *Lausanne Jardins* 2014 (offener Wettbewerb 2013 / 1. Preis)
2015		Wohnüberbauung Avenue de Morges, Lausanne (offener Wettbewerb 2009 / 1. Preis)
		Einfamilienhaus, Prévessin-Moëns
		Verwaltungsgebäude, Saint-Sulpice

		Wettbewerbe
2009	**1**	Offener Wettbewerb Theater Nouvelle Comédie, Genf
		Wettbewerb Orientierungsschule DOSF, Feiburg (5. Preis)
2010	**2**	Offener Wettbewerb Kantons- und Universitätsbibliothek, Freiburg (5. Preis)
	3	Offener Wettbewerb Sportzentrum Neufeld, Bern (3. Preis)
2011	**4**	Offener Wettbewerb Théâtre de Carouge (3. Preis)
	5	Wettbewerb Stade Près-de-Vidy, Lausanne (2. Preis)
2012		Wettbewerb Fussgänger- und Radfahrerbrücke, Genf (5. Preis)
		Wettbewerb Sportanlage Près-de-Vidy, Lausanne (2. Preis)

1

2

3

4

2013 Wettbewerb Wohnquartier Les Fiches Nord, Parzelle II, Lausanne (2. Preis)
2014 **6** Offener Wettbewerb Sportzentrum, Magglingen (2. Preis)
2015 **7** Offener Wettbewerb Wohnquartier Rue Saint-Martin, Lausanne (3. Preis)
8 Wettbewerb Quartier de Claire-Vue, Lancy (3. Preis)

Laufende Projekte
Fussgängerbrücke En Dorigny, Chavannes-près-Renens (offener Wettbewerb 2013 / 1. Preis)
Wohn- und Geschäftsanlage Les Vernets, Genf (offener Wettbewerb 2014 / 1. Preis; in Zusammenarbeit mit Atelier Descombes Rampini, Genf)
Musée du Leman, Nyon (Wettbewerb 2014 / 1. Preis)
Universitätsbibliothek Unithèque, Lausanne (offener Wettbewerb 2015 / 1. Preis)
Boveresses, Lausanne (Wettbewerb 2016 / 1. Preis)
Kantonales Kunstmuseum, Lausanne (Wettbewerb 2011, 1. Preis; in Zusammenarbeit mit Barozzi Veiga, Barcelona)

5

6

7

8

Claudius Fruehauf

1979	geboren in Winterthur
2000–2002	Architekturstudium EPF Lausanne
2003–2005	Bühnenbildassistenz bei Anna Viebrock, Schauspielhaus Zürich
2004–2007	Architekturstudium und Diplom ETH Zürich
2005–2006	Bühnenbildassistenz bei Herzog & de Meuron (Staatsoper Berlin)
2008	Architekt bei Herzog & de Meuron, Basel
2008	Gründung von Fruehauf, Henry & Viladoms
2009–2010	Bühnenbildassistenz bei Herzog & de Meuron (Metropolitan Opera, New York)
2015–	Gastprofessur an der Fachhochschule Westschweiz, Freiburg
2016	Mitglied Bund Schweizer Architekten

1979	Born in Winterthur
2000–2002	Studied Architecture at the EPF Lausanne
2003–2005	Stage Design Assistant to Anna Viebrock, Schauspielhaus Zürich
2004–2007	Studied Architecture and graduated at the ETH Zurich
2005–2006	Stage Design Assistant to Herzog & de Meuron (Staatsoper Berlin)
2008	Architect at Herzog & de Meuron, Basel
2008	Founded Fruehauf, Henry & Viladoms
2009–2010	Stage Design Assistant to Herzog & de Meuron (Metropolitan Opera, New York)
2015–	Guest Professor, University of Applied Sciences and Arts of Western Switzerland, Fribourg
2016	Member of the Federation of Swiss Architects (BSA)

Guillaume Henry

1981	geboren in Neuenburg
2000–2006	Architekturstudium und Diplom EPF Lausanne
2006	Architekt bei EM2N, Zürich
2007–2008	Architekt bei Herzog & de Meuron, Basel
2008	Gründung von Fruehauf, Henry & Viladoms
2009–2011	Assistent an der ETH Zürich bei Gastdozenten Mathias Müller, Daniel Niggli
2011–2012	Assistent an der ETH Zürich bei Gastdozenten Daniel Buchner, Andreas Bründler
2015–	Gastprofessor an der Fachhochschule Westschweiz, Freiburg
2016	Mitglied Bund Schweizer Architekten

1981	Born in Neuenburg
2000–2006	Studied Architecture and graduated at the EPF Lausanne
2006	Architect at EM2N, Zurich
2007–2008	Architect at Herzog & de Meuron, Basel
2008	Founded Fruehauf, Henry & Viladoms
2009–2011	Assistant at the ETH Zurich under Guest Lecturers Mathias Müller, Daniel Niggli
2011–2012	Assistant at the ETH Zurich under Guest Lecturers Daniel Buchner, Andreas Bründler
2015–	Guest Professor, University of Applied Sciences and Arts of Western Switzerland, Fribourg
2016	Member of the Federation of Swiss Architects (BSA)

Carlos Viladoms

1979	geboren in Mexiko
2000–2001	Architekturstudium Universidad de las Americas, Puebla
2001–2002	Architekturstudium École nationale d'architecture, Grenoble
2002–2007	Architekturstudium und Diplom EPF Lausanne
2007–2008	Architekt bei Herzog & de Meuron, Basel
2008	Gründung von Fruehauf, Henry & Viladoms
2012–2015	Assistent an der EPF Lausanne bei Prof. Andrea Bassi
2016	Mitglied Bund Schweizer Architekten
2016–	Mitglied des Exekutivkomitees des SIA Waadt

1979	Born in Mexico
2000–2001	Studied Architecture at the Universidad de las Americas, Puebla
2001–2002	Studied Architecture at the École nationale d'architecture, Grenoble
2002–2007	Studied Architecture and graduated at the EPF Lausanne
2007–2008	Architect at Herzog & de Meuron, Basel
2008	Founded Fruehauf, Henry & Viladoms
2012–2015	Assistant at the EPF Lausanne under Prof. Andrea Bassi
2016	Member of the Federation of Swiss Architects (BSA)
2016–	Member of the Executive Committee of the SIA Vaud

Mitarbeiter/Collaborators
(seit/since 2008)

Antoine Allaz, Cindy Barraud, Benjamin Bonnard, Gabriela Bratu, Guillermina Ceci, Pierre Chevremont, Rémy Cottin, Joëlle Cruchon, Tanguy Dayer, Damir Draganic, Elea Dubochet, Francesca Fraschini, Nila Goolaub, Vincent Gorjat, Christopher El Hayek, Cédric Illegems, Alice Jaupitre, Célia Küpfer, Nicolas Lemmin, Adrien Liaudat, Marta Lopez de Asian, Raquel Martinez, Rachel Mew, Véronique Mockers, Allegra Morpurgo, Christophe Pittet, Clélie Protière, Alberto Sols, Jean-François Thierry, David Viladomiu Ceballos, Sandra Villiger, Jeanne Wery

Jurytätigkeiten/Jury work	2012	Wohnquartier Réservoir du Calvaire, Lausanne
	2013	Aufstockung eines Verwaltungsgebäudes, UNI 5, Lausanne
		Wohnquartier FLCL, Les Fiches Nord, Lausanne
	2014	Informationspavillon Bahnhofszentrum – Museumszentrum, Lausanne
		Entwicklung des Viertels Boverattes – Est, Pully
	2015	Museumszentrum – Musée de l'Élysée und Mudac, Lausanne
		Sekundarschule Collège des Rives, Yverdon-les-Bains
	2016	École Fondation de Verdiel, Payern
		Quartier de l'Etang – Öffentliche Einrichtungen, Vernier
		Fakultät für Biologie und Medizin der Universität Lausanne
Kritiken/Critiques	2014	Studio Inès Lamunière, EPF, Lausanne
		Experimental Explorations on Space and Structure, ETH, Zürich
		Hochschule für Technik und Architektur, Freiburg
	2015	Studio Patrick Aeby, HEPIA, Genf
	2016	Studio LAMU, EPF Lausanne
		Studio Boegli/Kramp, Fachhochschule Westschweiz, Freiburg
		Studio Bachelard, Fachhochschule Westschweiz, Freiburg
Vorträge/Lectures	2013	ITESO, Jesuitische Universität Guadalajara, Mexiko
	2014	Architekturforum Zürich, Schweiz
		SUB-LAB, EPF, Lausanne, Schweiz
		SI NE, Neuenburg, Schweiz
	2015	ZHAW, Zürich, Schweiz
		Instituto Tecnologico de Monterrey, Queretaro, Mexiko
		École nationale d'architecture de Lyon, Frankreich
		FAF Freiburger Architekturforum, Schweiz
	2016	Architekturforum Biel, Schweiz
		Congreso Factor, Queretaro, Mexiko
Auszeichnungen/Awards	2014	Prix Bilan Immobilier (Mehrfamilienhaus, Saint-Sulpice)
	2015	Best architects 16 (Mehrfamilienhaus, Saint-Sulpice)
		Iconic award (Mehrfamilienhaus, Saint-Sulpice)
	2016	Best architects 17 (Einfamilienhaus, Prévessin-Moëns)

Niklaus Graber (Textbeitrag / Article by)	1968	geboren in Luzern
	1988–1995	Architekturstudium an der ETH Zürich, Diplom bei Prof. Hans Kollhof
	1990–1993	Praktika: Büro Herzog & de Meuron, Basel / Büro Hans Kollhoff, Berlin
	1993–1994	Studienaufenthalt an der Columbia University, New York
	1995	Mitarbeit im Büro Herzog & de Meuron, Basel
	1995	Gründung des Architekturbüros mit Christoph Steiger
	2008–2011	Lehrauftrag an der Hochschule Luzern, Technik+Architektur
	2013–2015	Dozent an der Hochschule Luzern, Technik+Architektur
	2016	Visiting faculty am Bengal Institute for Architecture, Landscapes and Settlements (BIALS), Dhaka/Bangladesch

Andreas Bründler (Textbeitrag / Article by)	1967	geboren in Sins
	1993	Architekturdiplom an der Ingenieurschule beider Basel
	1994	Mitarbeit im Architekturbüro Miller & Maranta, Basel
	1997	Gründung des Architekturbüros Buchner Bründler mit Daniel Buchner in Basel
	2003	Aufnahme in den Bund Schweizer Architekten
	2008	Gastprofessur, EPFL (Masterstudium)
	2009	Gastprofessur, EPFL (Bachelorstudium)
	2010	Gastdozent im Entwurf, ETH Zürich

Jacques Lucan (Textbeitrag / Article by)	1972	Architekturdiplom in Paris
	1978–1988	Chefredakteur der Zeitschrift *AMC*
	1979–1998	Lehrer an der der Ecole d'architecture de Paris-Belleville
	1991	Gründung des Architekturbüros Odile Seyler & Jacques Lucan
	1997–	Zeitschrift *Matières* (EPFL, Lausanne)
	1997–	Professor am Architekturdepartement der EPFL
	1998–	Professor an der Ecole d'architecture de la Ville et des Territoires à Marne-la-Vallée
	2006–2008	Direktor des Doktoratprogrammes «Architecture, ville, histoire», EPFL
	2013	Inhaber des Lehrstuhls Franqui an der Université Libre de Bruxelles

Finanzielle und ideelle Unterstützung/
Financial and conceptual support

Ein besonderer Dank gilt den Institutionen und Sponsorfirmen, deren finanzielle Unterstützungen wesentlich zum Entstehen dieser Buchreihe beitragen.
Ihr kulturelles Engagement ermöglicht ein fruchtbares und freundschaftliches Zusammenwirken von Baukultur und Bauwirtschaft.

prohelvetia

Schweizerische Eidgenossenschaft
Confédération suisse
Confederazione Svizzera
Confederaziun svizra

Eidgenössisches Departement des Innern EDI
Bundesamt für Kultur BAK

INGENI
INGENIERIE
STRUCTURALE

Ingeni SA

srg | engineering

Ingénieurs Conseils Scherler SA,
Le Mont -sur-Lausanne

INGPHI
Ingénieurs en ouvrages d'art

INGPHI SA, Lausanne

maaars

maaars architektur visualisierungen,
Zürich

PRAGMA
PARTENAIRES

PRAGMA Partenaires SA, Lausanne

Fleury Sanitaire SA, Lausanne
Muttoni & Fernández Ingénieurs
Conseils SA, Ecublens

Quart Verlag Luzern / Quart Editions Lucerne

De aedibus – Zeitgenössische Architekten und ihre Bauten / Contemporary architects and their buildings

65 Fruehauf, Henry & Viladoms (de/en)
64 Jakob Steib (de/en)
63 bunq (de/en)
62 Jean-Paul Jaccaud (de/en und de/fr)
61 huggenbergerfries (de/en)
60 Berrel Berrel Kräutler (de/en)
59 Pierre-Alain Dupraz (de/en und de/fr)
58 Cometti Truffer (de/en)
57 Joos & Mathys (de/en)
56 Lacroix Chessex (de/en)
55 Savioz Fabrizzi (de/en und de/fr)
54 Boegli Kramp (de/en)
53 Zita Cotti (de/en)
52 Oestreich + Schmid (de/en)
51 Stump & Schibli Architekten (de/en)
50 Luca Gazzaniga (de/en)
49 Guignard & Saner (de/en)
48 Morger + Dettli (de/en)
47 Charles Pictet (de/en)
46 Armando Ruinelli + Partner (de/en/it)
45 Luca Selva Architekten (de/en)
44 Luca Deon (de/en)
43 2b (de/en)
42 Durisch + Nolli (de/en)
41 sabarchitekten (de/en)
40 Beat Rothen (de/en)
39 Atelier Bonnet (de/en)
38 Novaron (de/en)
37 Althammer Hochuli (de/en)
36 Schneider & Schneider (de/en)
35 Frei & Ehrensperger (de und en)
34 Liechti Graf Zumsteg (de/en)
33 Adrian Streich (de/en)
32 Daniele Marques (de/en)
31 Neff Neumann (de/en)
30 Giraudi Wettstein (de/en)
29 Steinmann & Schmid (de/en)
28 Matthias Ackermann (de/en)
27 Aeby & Perneger (de/en)
26 Bakker & Blanc (de/en)
25 Markus Wespi Jérôme de Meuron (de/en)
24 Bauart (de/en und de/fr)
23 Knapkiewicz & Fickert (de/en)
22 Marcel Ferrier (de/en)
21 Wild Bär Architekten (de/en)
20 Enzmann + Fischer (de/en)
19 Mierta und Kurt Lazzarini (de/en)
18 Rolf Mühlethaler (de/en)
17 Pablo Horváth (de/en)
16 Brauen + Wälchli (de/en)
15 E2A Eckert Eckert Architekten (de/en)
14 Lussi + Halter (de/en)
13 Philipp Brühwiler (de/en)
12 Scheitlin – Syfrig + Partner (de/en)
11 Vittorio Magnago Lampugnani (de/en)
10 Bonnard Woeffray (de/en und de/fr)
9 Graber Pulver (de/en)
8 Burkhalter Sumi / Makiol Wiederkehr (de/en)
7 Gigon/Guyer (de und en)
6 Andrea Bassi (de, fr und en)
5 Dieter Jüngling und Andreas Hagmann (de und en)
4 Beat Consoni (de und en)
3 Max Bosshard & Christoph Luchsinger (de)
2 Miroslav Šik (de, en und it)
1 Valentin Bearth & Andrea Deplazes (de, en und it)

Quart Verlag GmbH, Heinz Wirz; Verlag für Architektur und Kunst
Denkmalstrasse 2, CH-6006 Luzern; books@quart.ch, www.quart.ch